長谷川明がカラーポジで撮った
1950年代～80年代の
国鉄情景
東日本編 上巻（北海道・東北・上信越）

写真：長谷川 明　解説：牧野和人

乗り込んだ列車は、程なくして山間の小駅で停車した。列車正面の貫通扉に開けられた窓から前方を眺めていると、軽快なジョイント音を伴って特急「おおぞら」がやって来た。特急形気動車のキハ82系で組成された同列車は昭和40年代当時、函館駅～釧路駅間を結んだ。文字通り、北海道内を横断する長距離特急だった。

.....Contents

真横から望む鉄道築堤の背景には、八ヶ岳の山並みがそびえる。橋梁を渡る気動車はキ
ハ10形とキハ52形。山麓の駅から野辺山高原へ上がる道程に控える急勾配区間を克服
すべく、主に2機関を搭載した強力形車両が充当されていた。絶景は旧国道上から容易
に楽しむことができた。昭和末期に入って国道のバイパス線路沿いに建設され、周囲の
風景は一変した。
◎小海線　清里～野辺山　1971（昭和46）年9月29日

東北本線の時刻表（1968年10月改正）＊一部区間

◁前頁からつづく

仙　台──小　牛　田──盛　岡──

行先	盛岡	大館	肯森	盛岡	陸前古川		青森	水沢	青森		陸前古川	利府	秋田 東八幡平		利府	酒本荘田	秋田		青森 盛岡	秋田	盛岡	大館	青森	青森	利府	新庄	鳴子		青森	大館
列車番号	107M	1929D	545	521	1723D		6205	421D	207		1721	423D	2811D		241	711D			103D		8111M	1933D	243	47	425D	1725D	1727D		105D	1937D

常磐線の時刻表（1968年10月改正）＊一部区間

◁前頁からつづく

上　野──水　戸──平──

東京発 951 ⑮番線

行先	仙台	平	平	高萩	平	日立	福島	相馬	仙台	土浦	平	平	弘前宮古	勝田	平		筑波	勝田	原ノ町	仙台	平	高萩	仙台	平	成田	水郡戸山
列車番号	231	431	443M	451M	433	435	6511D	623D	221	2451M	453M	411M	201D	455M	1411M		8423	457M	459M	2411M	247M	413M	461M	233	463M	825	2213D

4

次頁へつづく⇨

尻　内 ― 青　森 ― 函　館 （その2）（東北本線・青函連絡・下り）

青森	盛岡	新女庄川	青久森慈盛	一ノ関	盛岡	宮弘鳴古前子	椥ケ関	青森	陸中花輪	盛岡		利府	細倉	青森		青森	新女庄川	尻内	利府	盛岡	石越	秋田		行　先
525	6101M	1729D	101D	427D	617D	201D	107D	547	1941D	133		429D	8533D	2021M		701D	1733D	1525	433D	103M	435D	713D		
…	上野640	白石1011	上野655	…	…	…	上野745	…	…	黒磯719	…	…	…	上野1015		…	…	…	…	上野1115	…	…		始　発
1057	1118	1127	1223	…	1228		1315	…	…	1320		1332	1350	1418		1425		1453	1510	1541	1555			せんだい
1102	急1	1132	レ	…	1233		1325	…	…	1325		1337	1357	特		急1		1516	1521	1551	レ	1625	1640		ひがしせんだい
1108		1137	急1	…	1238		1331	…	…	1331		1342	1348					1521		1551	急1	1649	1702		いわきり
…						常磐線経由						1348	快速	1号				1525		1557					りふ
1112	1130	1141	1236	…	1242		1328	…	…	1335			1403	はつかり		1438		1506	1550		1607	1638	1653		りくぜんさんのう
1117	急1	1146	1240	…	1247		1337	…	…	1340			1413			1448		1512	1554		レ	1649	12番		しおがま
1126	1200	1156	1245	…	1257		1350	…	…	1350						きたかみ		1543	1559		急1	1701	1720		しないまき
…	1204	いわて号		…	1301			…	…				1425					1548	1604						かしまだい
1134	1216	八甲田号		…	1508		2201D	…	…	1356						1507					1632	1709			まつやままち
1139	1222			…	1314		急1	…	…	1402				きたみ			松島停車は	1554							ここた
1155	1304	松島11月30日まで		…	1320			…	…	1408			1425				11月30日まで	1559				1713	1722		たじり
1200				…	1325		1353	…	…	1413								1604				1720	秋田20番		せのね
1211	1155	1305		…	1331		1356	1401		1439			1434			1508		1617		1633	1643	1728			うわさがわ
1218	急1	新女庄川		…	1338		急1	鳴子以下266頁		1446						1520		1625		1643	急1.2	1735	羽東線経由		にった
1225	レ	1511		…	1346		みちのく			1501			1500				新女庄川1323	1636				1741			いしのむ
1230	急1.2	1345		…	1352					1507						1527		1645				1748	266頁		むしま
1236				…	1359		1407			1512			1528					1649							はないずみ
1245				…	1407		1412			1520			湘倉1556					1706							しのずはら
1250				…	1412		1426			1525			もみじ			1552		1711				1703			ありかべ
1256				…	1426		1432			1531			裸駒温泉					1716							いちのせき
1302				…	そとやま		1438			1535			10月5・9・					1721							
1307				…	1434					1552			12日運転					1726							
1316	1231		1345	…	1443		1438			1601												1716	266頁		やまめ
1330	1233		1351	1400			1444	1540		1618			1555			1555				1745		1718			ひらいずみ
1334	レ			盛岡発			1451	1544		1623			レ							1749		レ			まささわ
1339	1240		1358	急				1549		1628			1602							1755		1725			りくちゅうおりい
1408	1247			八甲田号				1559		1636										1803		レ			みずさわ
1414	レ			盛岡発山田線経由			1507	1603		1643			1617			1617				1809		1740			みなみかさき
1420	1256			平泉11月30日まで				1609		1651			レ							1815		レ			ろくはら
1431	レ			八甲田号			2603D	1613		1659			レ							1823		レ			
1437	レ			釜石経由			2601D	1620		1704			1633			1633				1838		1753			きたかみ
1444	1310		1426	267頁			急1	1626		1711			レ							1845		レ			むらさきの
1446	1311		1427				1522	1628		1719			1635									1754			はなまき
1452	レ						1523	1634		1725			青森2231							1901		レ			
1459	1322		1438				陸中仙台1740	1642		1733			以下							1909		1805			
1501	1322		1458				1444	1450	1550	1542									1910		1805			
1507								1650		1743															

次頁へつづく⇨

原ノ町 ― 仙　台 （その2）（常　磐　線・下り）

┌東京発1723 ⑦番線

勝田	平	平	青森	磐城石川	仙台	福島	平	仙台	湯本太子		平	原ノ町	仙台	川尻	平	平	大津港	日立	平	草野	平	磐城常陸石川本田		仙台	原ノ町	勝田	勝田	高萩	相馬		行　先
465M	467M	415M	201	8731D	223	511D	445M	225	445D		417M	235	215M	437	425	419M	469M	8733D	447M	425M	8413M	2215D		249D	237		475M	477M	1727		
1051(20)	1125	1111(19)	1200	…		1206(19)	1235				1255(19)		1315	1414(8)	1437(19)				1425(20)	1547(19)	1546			1619(19)	1631(20)	1728(5)	1727(19)		入線時刻発車番線
1104	1135	1150	1210	…	…	1230	1310	…	…		1330		1345	1430	1449				1547	1555	1610			1635	1705	1732	1745(17)		うえの
1107	1140	急1	レ	…	…	1234	レ	…	…		レ		1349	レ	1452				1550	1558	レ			1638	1708	1735	急1		にっぽり
1130	1204	急1	レ	…	…	1258	レ	…	…		レ		1410	レ	1514				1613	1613	急			1701	1730	1758	レ		まつど
1150	1227	1233	レ	…	…		1317	…	…		1406		1430	1509	1540				1640		1648			1718	1747	1819	ときわ10号		かしわ
1156	1240	レ	十和田1号	10月27日10・1117日1/1月3	…		1325	…	…		レ		1437	1514	1545			つくば山	1646		1655			1724	1759	1825	レ		とりで
1202	1236	レ	ときわ6号	…		常磐いでゆ	1332	…	…		レ		1444	1519	1549			筑波発	1655		急1			1731	1805	1831	レ		ふじしろ
1206	1247	レ		…			1338	…	…		レ		1449	1522	1555			水戸線経由	1700		ときわ92号			1735	1808	1835	レ		さわら
1211	レ	レ	1259	…			1343	…	…		レ		1455	1527	1600			1558	1708					1746	1815	1840	レ		うしく
1230	1254	1259	1315	…			1404	1416	…		1431		1512	1533	1610			奥久慈2号	1718	1706	1723			1753	1824	1853	1859		あらかわおき
1242	1300	レ	レ	…			1411	レ	…		レ		1519	レ	1616				1724	レ	レ			1759	1835	1859	レ		つちうら
1247	1312	1314	急1.2	…			1424	レ	…		1444		1525	1547	1622				1736	1723	1737			1806	1841	1853	レ		かんだつ
1253	1325	レ	笠間発1431	…			1432	レ	…		レ		1532	1547	1632				1741	1723	レ			1810	1845	1915	レ		たかはま
1259	1331	レ		…			1438	レ	そうま2号		1452		1545	1559	1638				1747	1740	1753			1817	1851	1927	レ		いしおか
1301	1338	1330	レ	…			1447	レ			レ		1553	急1.2	1644			奥久慈2号	1753	レ	2番			1822	1857	1934	レ		はとり
1312	1350	レ	レ	…			1452	レ			レ		1559		1649				1800	レ	レ			1831	1904	1939	レ		いわせ
1317	1355	レ	レ	…			1458	レ			1606		1606		1654				1812	1740	レ			1836	1909	1939	レ		ともべ
																		1722						1842	1916	1945	レ		うちはら
1324	1403	1344	1357	1445			1506	1458			1510		1614	1617	1701				1729					1850	1922	1952	1939		あかつか
1326	1404	1346	1400	1454		1430	1522	1502	1500		1512		1640	1619	1705	1731	1735	1833	1757	1808	1810		1852	1855	1924	1955	1941		みと
1331	1410	1355	磐城石川1438			1437	1529	1519	1512常		レ		1648	1628	1708	1737	1743	1804	1803	レ			1859	1903	1930		1950		かつた
…	1420	レ				1441	1535	レ	1520常大子発		1604		1653	1633	1711	1746	1748		1811	レ			1904			2009			とうかいむ
1420	1427	レ				1447	1541	レ	809		1611		1659	レ	1717	1751	1759		1817	1830			1911			2014			おおみか
1432	1411	レ				1453	1549	レ	水常陸大子		1617		1707	レ	1725	1755	1759	奥久慈	1822	1830			1919			2021			ひたちた
1438	1416	1426				1458	1555	1529		1608	1630		1714	1647	1730	1800	1804	2036	1827	1841			1926			2006			ひたちた
1443	レ	レ	急1			1504	1601	レ	常大子間		1637		1723	1650	1735	1806			1835	1841			1935			2031			おぎつ
1448	レ	レ	いわき2号			1510	1607	レ	8315D	1643	1650		1727	1654	1739		1811		1841	1855			1941			2037			かわじり
1454	1428	レ				1515	1616	レ	急		1654	1702	1800	レ	1749				1855				1947			2042			たかはぎ
1459		レ		240頁		1520	1628	1529	常大子間			1752	1816	1759	1754		1910		1854				1954			2047			みなみなばら
1504		急1.2				1525	1640	レ	普通列車			1759	1805	1805	1801			10月20・	1900				2000			レ			いそはら
1511						1530	1647	1550	1602		1629	1805	1810	レ			1900	27日・11月3	2006				水戸まで			2013			おおつこう
1515						1536	1655	レ				1824	レ	1811			1949	11月	2013							2019			なこそ
1521	1449				1511	1538	1700	レ	常大子		1639	1829	レ	1716			1958		2019							2054			うえだ
1528	1456					1545	1708	レ	いでゆ		1644		レ	1732			2001		2024							2100			いずみ
1535	1502	1511				1551	1714	1610	1602常		1658		1623	1739			2010		2031			水戸まで				レ			ゆもとうちごう
1541	1509	1520				1557	1720	1616	大子間		1706		1629				2016		1943							2038			うちごう
1547	1509	1520				1602	1720	1616			1636		1747				2023		1943			以下				2049			たいら
…	1528					1532	1607		1752		1639	1709			1854									1955	2115		2112			

高崎線・上越線の時刻表（1968年10月改正）＊一部区間

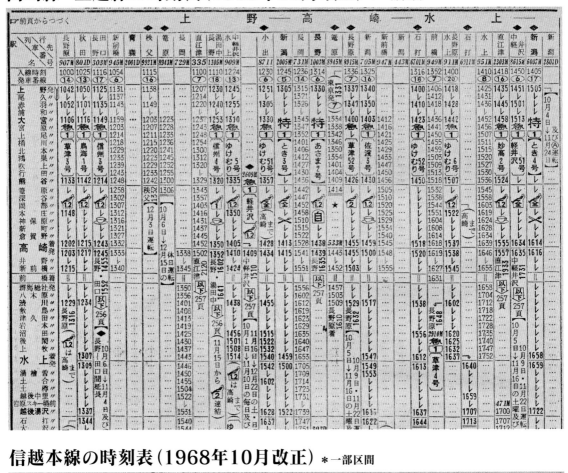

信越本線の時刻表（1968年10月改正）＊一部区間

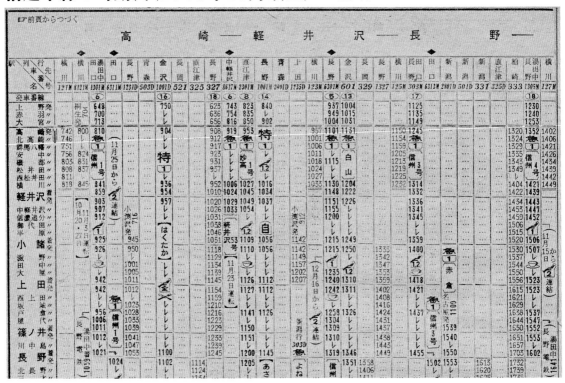

長岡——新潟（その2）（高崎線・上越線・信越本線・下り）

次頁へつづく☞

行先	高崎	高崎	新潟	長野	長野原	新潟	水上	渋川	長野原 桐生		新前橋	新前橋	直江津	新潟	新潟	籠原	新前橋	前橋	籠原	籠原	新前橋 小山	高崎	籠原		新潟	青森	新潟	前橋	水上 前橋	長野	渋川
列車番号	953M	955M	501D	307M	537M	447M	1955M	957M	913M		959M	961M	1005M	707M	331	963M	965M	2967M	969M	971M	973M	975M	977M		2009M	8501	6703M	979M	915M	309M	981M
入線時刻	1449	1515		1522				1527	1518			1625	1645	1629			1702	1716		1722	1637	1736	1732	東京発1800	1805		1757	1744	1751	1835	1842
発車番線	⑬	⑰		⑦				⑯	⑮			⑭	⑤	⑬		【土・休日運休】	⑲	⑤		⑳	⑱	⑮	⑯		⑤		⑮	⑱	⑭	⑱	⑤
上野	1507	1528	…	1536	…	…	…	1608	1620	…	…	1641	1647	1650	…		1709	1718	…	1730	1738	1745	1800	…	1807	【10月1日↓11月24日・11月30日・12月1・7・8・14・15日及びⒶ運転】	1812	1822	1828	1850	1853
尾久	1514	1535	…	レ	…	…	…	1614	レ	…	…	1647	レ	レ	…		1715	1724	…	1736	1745	1751	1806	…	レ		レ	1827	レ	レ	1859
赤羽	1519	1541	…	1546	…	…	…	1619	1630	…	…	1652	レ	1659	…		1720	1729	…	1742	1751	1756	1811	…	レ		レ	1832	1838	レ	1904
浦和	1529	1552	…	レ	…	…	…	1628	急	…	…	1702	特	レ	…		1729	1739	…	1751	1801	1806	1821	…	レ		レ	1842	1846	レ	↓
大宮	1537	1606	…	1603	…	…	…	1638	1645	…	1702	1717		1713	…	1728	1737	1747	1753	1759	1809	1816	1831	…	特		1839	1855	1852	1915	1919
宮原	1541	1611	…	急	…	…	…	1642	[1]	…	1706	1724	[1]	急	…	1733	1742	1752	1758	1804	1814	1821	1836	…			急	1859	急	急	1923
上尾	1546	1615	…	[1]	…	…	…	1654	(あかぎ3号・草津5号)	…	1722	1730	【あさま3号】	[1]	…	1738	1747	1757	1803	1809	1819	1826	1841	…	[1]		[1]	1904	[1]	[1]	1928
桶川	1550	1619	…	(信州5号)	…	…	…	1658		…	1726	1734		(佐渡5号)	…	1742	1751	1801	1807	1813	1823	1830	1845	…	【とき5号】		(佐渡6号)	1907	(ゆけむり7号)	(信州6号)	1932
北本	1554	1624	…		…	…	…	1703		…	1730	1739			…	1747	1756	1806	1812	1818	1828	1840	1855	…				1912			1936
鴻巣	1559	1628	…		…	…	…	1707		…	1734	1744			…	1752	1801	1811	1817	1823	1833	1844	1859	…				1916			1941
吹上	1605	1634	…		…	…	…	1713		…	1740	1751			…	1759	1808	1818	1824	1830	1846	1851	1906	…				1922			1947
行田	1609	1637	…		…	…	…	1717		(高崎まで)	1744	1755			…	1802	1812	1822	1828	1834	1849	1854	1909	…				1925			1951
熊谷	1614	1644	…	レ	…	…	…	1733	1711		1749	1800	レ	1738	…	1808	1817	1827	1833	1839	1855	1900	1921	…	レ		1907	1930	1918	1942	1956
籠原	1624	1654	…	レ	…	…	…	1747	レ		1800	1810	レ	レ	…	1813	1827	1837	1840	1845	1900	1914	1927	…	レ		レ	1939	レ	レ	2002
深谷	1629	1659	…		…	…	…	1752		…	1804	1815			…		1831	1843	【土・休日運休】		1905	1919		…				1944	1926		2007
岡部	1633	1703	…	[1.2]	…	…	…	1757	[1.2]		1809	1819	[1.2]	[1.2]	…	[1]	1836	1849		【休日運休】	1909	1924	【休日運休】	…	[全]		[1]	1948	レ	[1.2]	2012
本庄	1646	1711	…	レ	…	…	…	1803	1727	…	1815	1825	[自]	レ	…	…	1841	1854			1915	1929		…	レ		レ	1954	1934	レ	2017
神保原	1650	1715	…	☕	…	…	…	1807	レ	…	1819	1829		☕	…	…	1845	1906			1926	1940		…	🍴		☕	2003		☕	2021
新町	1654	1720	…	レ	…	…	…	1812	レ	…	1826	1835	レ	レ	…	…	1849	1911			1930	1944		…	レ		レ	2007	[1.2]	レ	2026
倉賀野	1700	1727	…	レ	…	…	…	1818	レ	…	1832	1841	レ	レ	…	…	1855	1917		…	1936	1950	…	…	レ	…	レ	2013	レ	レ	2032
高崎	1705	1733	…	1700	…	…	…	1823	1742	…	1837	1846	1756	1808	…	733M	1901	1922		←	1941	1955	…	…	レ	…	1936	2019	1949	2012	2037
高崎	…	…	…	1701	1718	…	1736	1824	1743	…	1839	1847	1757	1810	…	1856	1902	1926	…	1957	1942	…	…	…	レ	…	1938	2020	1950	2013	2038
井野	…	…	…	長野1924	↓	…	↓	↓	レ	→	↓	↓	直江津2105	レ	…	↓	↓	↓	…	2002	↓	…	…	…	レ	…	レ	↓	↓	長野2219	↓
新前橋	…	…	…		1725	…	1745	1832	1754	1755	1846	1854		レ	…	1905	1909	1935	…	2006	1952	…	…	…	レ	…	レ	2027	2002		2051
前橋	…	…	…	以下257頁	‖	…	‖	‖	‖	1801	…	[1]	以下257頁	‖	…	‖	…	1938	…	2010	…	…	…	…	‖	…	‖	2032	2004	以下257頁	‖
群馬総社	…	…	…		1730	…	1750	1837	レ	桐生1826	…	…		レ	…	1910	…	(沼津発1439 340M)	…	小山2136	…	…	…	…	レ	…	レ	…	2007		2056
八木原	…	…	…		1736	…	1756	1843	レ	(前橋から477M普通列車)	…	…	(東京発1640 ⑦)	レ	…	1916	…		…	以下243頁	…	…	…	…	レ	…	レ	…	2012		2102
渋川	…	…	…		1739	…	1802	1847	1807		…	…		1827	…	1920	…		…		…	…	…	…	レ	…	1955	(11月15日から[2]連結)	2016		2105
敷島	…	…	…	…	長野原1842	…	1809	…	長野原1907		…	…		レ	…	1927	…		…		…	…	…	…	レ	【大阪発10月4↓21日運転】	レ		2023	…	[1]
津久田	…	…	…	…		…	1813	…			…	…		レ	…	1931	…	…	…		…	…	…	…	レ		レ		2027	…	…
岩本	…	…	…	…		…	1819	…			…	…		レ	…	1945	…	…	…		…	…	…	…	レ		レ		2033	…	…
沼田	…	…	…	…	以下246頁	…	1825	…	(渋川から2533M普通列車)		…	…		1845	…	1951	…	…	…		…	…	…	…	レ		2015		2038	…	…
後閑	…	…	…	…		…	1830	…			…	…		レ	…	1956	…	…	…		…	…	…	…	レ		レ		2043	…	…
上牧	…	…	…	…		…	1837	…			…	…		レ	…	2003	…	…	…		…	…	…	…	レ		レ		2050	…	…
水上	…	…	…	…		…	1843	…			…	…	…	1859	…	2009	…	…	…		…	…	…	…	1957		2030		2056	…	…
水上	…	…	…	…	…	…	…	…		…	…	…	…	1901	…	2011	…	…	…		…	…	…	…	1959		2032	…	(高崎から2925M普通列車)	…	…
湯檜曽	…	…	…	…	…	…	…	…		…	…	…	…	レ	…	2015	…	…	…		…	…	…	…	レ		レ	…		…	…
土合	…	…	…	103D 急	…	…	…	…		…	…	…	…	レ	…	2020	…	…	…		…	…	…	…	レ		レ	…		…	…
土樽	…	…	…	(野沢)	…	…	…	…		…	…	…		レ	…	2029	…	…	…		…	…	…	…	レ		レ	…		…	…
越後中里	…	…	…		…	…	…	…		…	…	…	(越後中里12月25…	1920	…	2037	…	…	…		…	…	…	…	レ		2051	…		…	…
岩原	…	…	…		…	…	…	…		…	…	…		レ	…	↓	…	…	…		…	…	…	…	レ		レ	…		…	…
越後湯沢	…	…	…		…	…	…	…	以下246頁	…	…	…		1927	…	2045	…	…	…		…	…	…	…	レ	以下273頁	2058	…		…	…
石打	…	…	…		…	…	…	…		…	…	…		レ	…	2052	…	…	…		…	…	…	…	レ		2104	…		…	…
大沢	…	…	…	長…	…	…	…	…		…	【土…	…		レ	…	2057	…	…	…		…	…	…	…	レ		レ	…		…	…

直江津——柏崎——長岡（その2）（信越本線・下り）

行先	中軽井沢	長野	横川	長野	直江津	直江津		青森	長岡	横川	中軽井沢	長野	直江津	上野	上野	直江津	横川	横川	軽井沢	長野	長野	横川	福井		横川		横川		青森(荷)	青森(荷)
列車番号	6609M	1003M	8129M	703D	335	2303M		8501	523	129M	8615M	307M	1005M	6602	1602	337	131M	133M	135M	309M	339	137M	603		139M		8363M		2047	2045
発車番線	⑬	⑥			⑮	⑯					⑥	⑦	⑤							⑱			⑧				⑮			
うえの	1245	1330	…	…	1207	1435	…	…	…	…	1451	1536	1647	東京発1640 ⑦	…	…	…	…	…	1850	…	…	2040	…	…	…	100	…	…	(隅田川2159)
あかばね	1255	レ	…	…	1220	1445	…	…	…	…	1501	1546	レ		…	…	…	…	…	レ	…	…	レ	…	…	…	112	…	…	
おおみや	1310	レ	…	…	1237	1458	…	…	…	…	1513	1603	レ		…	…	…	…	…	1915	…	…	2108	…	…	…	129	…	…	
たかさき	1409	1439	1448	…	1502	1557	…	…	…	1610	1635	1701	1757	…	…	1735	1811	1848	1951	2013	…	2138	2221	…	2238	…	316	…	…	146
きたたかさき	急	特	1452	…	1506	急	…	…	…	1614	レ	急	レ	…	…	1740	1815	1852	1954	急	…	2142	急	…	2242	…	(妙義)	…	…	151
ぐんまやわた	[1]		1500	…	1511	[1]	…	…	…	1620	急	[1]	特	…	…	1745	1820	1857	1959	[1]	…	2148	[1]	…	2247	…		…	…	202
あんなか	レ	[1]	1505	…	1517	(妙高2号)	…	…	…	1626	[1]	(信州5号)		…	…	1751	1825	1902	2004	レ	…	2153	(越前)	…	2253	…		…	…	244
いそべ	1425	レ	1512	…	1525		…	…	…	1634			[1]	…	…	1759	1832	1909	2011	2028	…	2200		…	2301	…	334	…	…	254
まついだ	レ	レ	1518	…	1532		…	…	…	1640	[全]		レ	…	…	1806	1838	1914	2017	レ	…	2206		…	2307	…	339	…	…	307
にしまついだ	レ	レ	↓	急	↓		…	…	…	1643	レ		レ	…	…	↓	1841	1918	2020	レ	…	2209		…	2310	…	↓	…	…	↓
よこかわ	1444	1506	1524	(すわ)	1557	1626	…	…	…	1650	1704	1732	1824	…	…	1836	1847	1924	2031	2043	…	2215	2303	…	2316	…	347	…	…	336
かるいざわ	1502	1524	【10月20・27日11月3日運転】		1615	1644	…	…	…		1722	1750	1842	…	…	1854			2049	2101	…		2321	…		…		…	…	354
かるいざわ	1506	1527			1641	1647	…	…	…	…	1726	1756	1845	…	…	1909	…	…	…	2104	2116	…	2326	…	…	…	【10月6日↓11月10日の休日運転】	…	…	357
なかかるいざわ	1510	レ			1656	1652	…	…	…	…	1731	1801	レ	…	…	1915	…	…	…	2108	2121	…	レ	…	…	…		…	…	403
しなのおいわけ	(軽井沢)			長野発1200	1702	レ	…	…	…	…	(軽井沢51号)(東京発1444)	1806		…	…	1920	…	…	…	2113	2127	…		…	…	…		…	…	408
みよた		[1.2]			1709		…	…	…	…			[1.2]	…	…	1928	…	…	…		2134	…	[1]	…	…	…		…	…	417
ひらはら		レ			1717	[1.2]	…	…	…	…		[1.2]	レ	…	…	1937	…	…	…	[1.2]	2142	…	レ	…	…	…		…	…	426
こもろ		1545		1707	1722	1708	…	…	…	…		1822	1904	…	…	1941	…	…	…	2126	2147	…	2353	…	…	…		…	…	430
こもろ		1546		1713	1730	1709	…	…	…	…		1824	1904	…	…	1945	…	…	…	2127	2151	…	2356	…	…	…		…	…	452
しげの	【10月1日↓11月10日の毎日及び11月16日↓12月22日の土・日曜運…	レ	…	レ	1737	☕	…	…	…	…		☕	レ	…	…	1952	…	…	…	☕	2158	…	レ	…	…	…		…	…	500
たなか		レ	…	レ	1744	レ	…	…	…	…		レ	レ	…	…	1957	…	…	…	レ	2203	…	レ	…	…	…		…	…	506
おおや		レ	…	1727	1750	レ	…	…	…	…		1840	レ	…	…	2002	…	…	…	2139	2208	…	レ	…	…	…		…	…	513
うえだ		1601	…	1733	1756	1724	…	…	…	…		1846	1920	…	…	2008	…	…	…	2144	2214	…	018	…	…	…	…	…	…	518
うえだ		1602	…	1736	1803	1725	…	…	…	…	【10月5日↓11月16日の土… 10月9日・11月22日・…	1846	1920	…	…	2010	…	…	…	2145	2220	…	022	…	…	…	…	…	…	526
にしうえだ		レ	…	レ	1809	レ	…	…	…	…		レ	レ	…	…	2015	…	…	…	レ	2225	…	レ	…	…	…	…	…	…	533
さかき		レ	…	レ	1816	レ	…	…	…	…		レ	【あさま3号】	…	…	2023	…	…	…	レ	2233	…	レ	…	…	…	…	…	…	542
とぐら		1616	…	1750	1823	1739	…	…	…	…		1902		…	…	2029	…	…	…	2159	2239	…	[S2]	…	…	…	…	…	…	549
やしろ		レ	…	1756	1829	レ	…	…	…	…		レ		…	…	2035	…	…	…	2204	2246	…		…	…	…	…	…	…	558
しののい		レ	…	1801	1835	レ	…	…	…	…		1912		…	…	2041	…	…	…	2209	2252	…	レ	…	…	…	…	…	…	604
しののい		レ	…	1802	1838	レ	…	【10月4↓…	…	…		1914		【福井発12月… 10月1日…	…	2042	…	…	…	2210	2253	…	レ	…	…	…	…	…	…	609
かわなかじま		レ	…	レ	1844	レ	…		…	…		レ			…	2047	…	…	…	レ	2259	…	レ	…	…	…	…	…	…	615
ながの		1635	…	1811	1850	1757	…		…	…		1924	1950		…	2053	…	…	…	2219	2305	…	101	…	…	…	…	…	…	621
ながの		【あさ…	…	…	1908	1804	…		…	…		…	1952		…	2129	…	…	…	(信州6号)	…	…	115	…	…	…	…	…	…	703
きたながの			…	…	1914	レ	…		…	…		…	レ		…	2135	…	…	…		…	…	レ	…	…	…	…	…	…	712

函館本線の時刻表（1968年10月改正）＊一部区間

43.10. 1 改正　小樽 ── 札幌 ── 岩見沢

のりかえページ	函館からのキロ数	駅名	着発	841D	143	843D	321	521M	43	401D	821	1230D	711D	421		501D	823	1843D	131	523M	825	133	901D	1D	11D	525M	813D	845D
		行先		旭川	旭川	富良野・南美唄	稚内	江別	札幌	釧路	岩見沢	室蘭	夕張	釧路		網走・上芦別・名寄	岩見沢	札幌	札幌	滝川	札幌	旭川	札幌	釧路	旭川	岩見沢	旭川	富良野
		始発	発	…	…	…	仁木 443	…	…	…	…	…	…	函館 2352	…	…	…	…	仁木 640	…	…	倶知安 612	蘭越 613		函館 445	…	…	然別 819
	252.5	小樽	発	…	…	…	532	…	606	…	…	618	…	646	…	705	708	…	726	…	749	756	816	(千歳線・室蘭本線経由) 函館発 440	841	845	…	910
	254.1	南小樽	〃	…	…	…	536	…	610	…	…	621	…	650	…	708	712	…	730	…	753	759	819		レ	848	…	913
	256.2	小樽築港	〃	…	…	…	540	…	レ	…	…	625	…	659	…	レ	716	…	734	…	757	803	急		特	851	急	レ
	259.3	朝里	〃	…	…	…	545	…	レ	…	…	630	…	703	…	急	722	…	740	…	801	808	〔らいでん1号〕		1	856	1	レ
	262.9	張碓	〃	…	…	…	551	…	レ	…	…	636	…	708	〔なよろ1号〕〔そらち1号〕	1	728	…	746	…	レ	813			〔北海〕	901	〔かむい1号〕	レ
	268.1	銭函	〃	…	…	…	558	【休日運休】	レ	…	…	643	…	715		レ	735	…	753	…	812	820				907		930
	275.7	手稲	〃	…	…	…	607		634	…	…	651	…	723		736	744	754	803	812	820	828				916		938
浦臼方面	282.5	琴似	〃	…	…	…	615		642	…	…	659	…	732		レ	753	803	812	819	828	837				924		945
305←	284.7	桑園	〃	…	…	…	619		647	…	…	702	…	737		レ	758	807	817	823	832	840	レ			928		レ
	286.3	札幌	着	…	…	…	622		650	…	…	706	…	740		747	801	810	821	826	835	843	850	855	915	931		951
千歳方面		札幌	発	…	…	545	630	647	…	705	709	714	735	800	…	750	816	…	…	833	…	853	(倶知安まで931D普通列車・小沢から924D岩内発640を併結)	900	920	936	930	955
294←	288.5	苗穂	〃	…	…	549	634	651	…	レ	713	718	レ	804	…	〔大雪2号〕	820	…	…	838	…	857		レ	レ	940	レ	レ
	292.1	白石	〃	…	…	554	640	656	…	急	719	室蘭 1048	レ	809	…		826	…	…	843	…	910		特	レ	944	レ	1003
	296.5	厚別	〃	…	…	559	646	701	…	1	725	(千歳線経由)	急	814	…		832	…	…	848	…	916		1	レ	949	レ	1008
	300.8	大麻	〃	…	…	レ	652	705	…	〔狩勝1号〕	731		〔夕張1号〕	819	…		839	…	…	853	…	921		〔おおぞら〕	レ	954	レ	1014
	304.2	野幌	〃	…	…	608	658	710	…		737			824	…		846	…	…	857	…	926			レ	958	レ	1019
	307.3	江別	〃	…	…	612	703	714	…		742			829	…	808	851	…	…	901	…	930			レ	1002	949	1023
	313.5	豊幌	〃	…	…	619	711		…		レ			レ	…	レ	レ	…	…	908	…	レ			レ	レ	レ	レ
	316.7	幌向	〃	…	…	624	717	…	…		753			839	…	レ	903	…	…	912	…	レ			レ	1012	レ	レ
	322.6	上幌向	〃	…	…	630	724	…	…	レ	801		レ	845	…	レ	910	…	…	918	…	レ			レ	1017	レ	レ
苫小牧方面 293←	326.9	岩見沢	着	…	…	635	731	…	…	738	807	以下294頁	812	851	…	824	917	…	…	923	…	948		934	954	1022	1007	1040
		岩見沢	発	…	614	638	743	…	…	739	…		816	908	…	825	…	…	…	928	…	1027		935	955	…	1008	1044
	335.3	峰延	〃	…	622	646	753	…	…	レ	…		夕張1005	917	…	レ	…	…	…	945	…	1035		レ	レ	…	レ	1052
南美唄方面	339.8	光珠内	〃	…	627	651	759	…	…	レ	…	…		921	…	レ	…	…	…	950	…	1040		レ	全	…	レ	1112
297←	343.7	美唄	〃	…	632	659	807	…	…	753	…	…	以下293頁	927	…	839	…	…	…	956	…	1047		レ		…	1024	1119
	348.1	茶志内	〃	…	637	704	813	…	…	レ	…	…		932	…	レ	〔そらち1号〕	…	…	1000	…	1052				…	2指	1124
	354.3	奈井江	〃	…	644	711	821	…	…	1.2	…	…		939	…	1.2		…	…	1006	…	1059		全	自	…		1131
歌志内方面	359.0	豊沼	〃	…	649	717	827	…	…		…	…	(追分から751D普通列車)	944	…			…	…	1021	…	1104				…	レ	1137
296←	362.2	砂川	〃	…	654	722	833	…	…	807	…	…		949	以下308頁	854		…	…	1026	…	1112		レ	レ	(自は札幌から)	1041	1142
帯広方面 298←	369.8	滝川	着	…	702	734	842	…	…	815	…	…		957		902	↲	…	…	1033	…	1121		1007	1027		1049	1149
		滝川	発	612	716	738	855	…	…	817	…	…		1015	急 2301D	904	908	…	…	…	…	1144		1010	1028		1051	1151
	378.2	江部乙	〃	621	726	富良野 911	916	…	…	釧路 1346	…	…		釧路 1912		レ	上芦別 954	…	…	…	…	1155		釧路 1451	レ		レ	富良野 1325
留萌方面	385.7	妹背牛	〃	629	735		925	…	…	以下298頁	…	…				レ		…	…	…	…	1204		以下298頁	レ		レ	
304 朱鞠内方面 305	392.9	深川	着	637	744		933	…	…		…	…		…		921		…	…	…	…	1213	…		1045		1113	
		深川	発	709	746	(南美唄 615 923D)	935	…	…	…	…	…	…	…	〔なよろ1号〕	922	2411D 急	…	…	…	…	1218	…		1046	…	1114	(小樽岩見沢間 快速)
	400.3	納内	〃	718	755		944	…	…	…	…	…	…	…		レ	以下298頁	…	…	…	…	1228	…		レ	…	レ	
	406.1	神居古潭	〃	730	804		953	…	…	…	…	…	…	…		レ		…	…	…	…	1236	…	…	レ	…	レ	
富良野方面	415.0	伊納	〃	742	822		1011	…	…	…	…	…	…	…		レ		…	…	…	…	1251	…	…	レ	…	レ	
298	421.1	近文	〃	749	830		1019	…	…	…	…	…	…	…	名寄 1122	レ		…	…	…	…	1259	…	…	レ	…	レ	
遠軽方面 306	425.1	旭川	着	755	836	…	1025	…	…	…	…	…	…	…	↲	953		…	…	…	…	1306	…	…	1116	…	1153	
		終	着	…	…	…	1857	…	…	…	…	…	…	…	…	1423	…	…	…	…	…	…	…	…	…	…	…	…
		次の掲載頁					308									306												

室蘭本線の時刻表（1968年10月改正）＊一部区間

43.10. 1 改正　長万部 ── 東室蘭（室蘭） ── 苫小牧 ──

のりかえページ	キロ数	駅名	着発	1217	721D		223	521	241D	1D	2211D	211D	541D	243	2213D	213D	563D	543D	201D	545D	215D	731D	227	593D	3D	523	547D
		行先		札幌	札幌		岩見沢	幌別	室蘭	釧路	札幌	札幌	室蘭	室蘭	札幌	札幌	登別	室蘭	札幌	室蘭	札幌	札幌	岩見沢	東室蘭	旭川	登別	室蘭
		（連絡船）		27					11	1															3		
	0.0	青森	発	1910	…	…	…	…	005	030	…	…	…	…	…	…	…	…	…	…	…	…	…	…	520	…	…
	113.0	函館	着	2300	…	…	…	…	355	420	…	…	…	…	…	…	…	…	…	…	…	…	…	…	910	…	…
	0.0	函館（284・285頁）	発	2346	…	…	…	…	…	440	…	…	…	…	急	…	…	…	729	…	…	…	…	…	930	…	…
	112.3	長万部	着	157	…	…	…	…	…	レ	…	…	…	…	〔とうや2号〕	…	…	…	914	…	…	…	…	…	レ	…	…
倶知安・小樽方面 284←	112.3	長万部	発	207	…	…	…	…	513	レ	急	…	…	602		…	…	829	916	…	…	…	…	…	レ	…	…
	…	(臨)旭浜	〃	レ	…	…	…	…	521	レ	〔とうや1号〕	…	…	619		…	…	839	レ	…	…	…	…	…	特	…	…
	122.9	静狩	〃	急	…	…	…	…	528	特		…	…	626		…	…	845	急	…	…	…	…	…		…	…
	135.9	礼文	〃	1	…	…	…	…	546			…	…	648		…	…	902	1	…	…	…	…	…		…	…
	140.0	大岸	〃	〔すずらん6号〕	…	…	…	…	552	1		…	…	654		…	…	908	レ	…	…	…	…	…	1	…	…
	148.4	豊浦	〃		…	…	…	…	605	レ		…	…	703	755	…	…	916	レ	1044	…	…	…	…	レ	…	…
洞爺湖温泉 318←	153.8	洞爺	着		…	…	…	…	612	640		…	…	710	801	…	…	923	958	1050	…	…	…	…	1137	…	…
		洞爺	発		…	…	…	…	613	640	653	…	【休日運休】	712	803	…	…	924	959	1054	…	…	…	…	1138	…	1212
	158.9	有珠	〃		…	…	…	…	621	レ	レ	…		720	レ	…	…	931	レ	1101	…	…	…	…	レ	…	1220
京極方面	163.8	長和	〃		…	…	…	…	627	〔おおぞら〕	レ	…		726	レ	…	…	937	レ	1108	…	…	…	…	レ	…	1226
296←	166.8	伊達紋別	着		…	…	…	…	632		708	…		731	818	…	…	941	1011	1112	…	…	…	…	レ	…	1230
		伊達紋別	発	レ	…	…	…	…	633		708	…	723	733	818	…	…	942	1012	1115	…	…	…	…	レ	…	1231
	172.9	稀府	〃	レ	…	…	…	…	641		レ	…	730	745	レ	…	…	949	〔すずらん1号〕	1123	…	…	…	…	〔北斗1号〕	…	1241
	177.4	黄金	〃	レ	…	…	…	…	647	レ	レ	…	736	751	レ	…	…	955		1128	…	…	…	…		…	1247
	…	(臨)崎守	〃	レ	…	…	…	…	レ	レ	レ	…	740	レ	レ	…	…	959		1132	…	…	…	…		…	1251
	182.0	陣屋町	〃	レ	…	…	…	…	654	レ	レ	…	744	758	レ	…	…	1003		1137	…	…	…	…		…	1255
	185.0	本輪西	〃	レ	…	…	…	…	700	レ	727	急	749	804	レ	…	…	1008		1141	急	…	…	…		…	1300
	189.5	東室蘭	着	333	…	…	…	…	706	713	735	1	755	811	843	急	…	1013	1033	1147	1	…	…	…	1208	…	1305
		東室蘭	発		…	…	…	…	714			〔ちとせ1号〕	801	824		〔ちとせ2号〕	…	1017		1152	〔ちとせ3号〕	…	…	…		…	1315
	191.8	輪西	〃		…	…	…	…	720				806	831			…	1021		1156		…	…	…		…	1318
	193.7	御崎	〃		…	…	…	…	725				810	836			…	1025		1200		…	…	…		…	1322
	195.4	母恋	〃		…	…	…	…	729				814	841			…	1028		1204		…	…	…		…	1326
	197.6	室蘭	着		…	…	…	…	734				817	845			…	1032		1207		…	…	…		…	1329
	キロ数								561D				225														595D
	0.0	室蘭	発		…	…	601	608	705			720	752	…		830	941	…		…	1050	…	1121	1152		1216	1343
	2.2	母恋	〃		…	…	605	613	708			レ	756	…		833	944	…		…	レ	…	1125	1155		1220	1346
	3.9	御崎	〃		…	…	610	617	712			レ	800	…		レ	949	…		…	レ	…	1129	1159		1224	1350
	5.8	輪西	〃		…	…	614	622	716			727	805	…		レ	952	…		…	レ	…	1133	1203		1229	1353
伊達紋別方面 294←	8.1	東室蘭	着		…	…	618	626	720			731	810	…		841	956	…		…	1058	…	1137	1207		1233	1357
	189.5	東室蘭	発	341	…	…	620	629	722	716	↳	738	823	…	↳	847	957	…	1035	…	1059	…	1149	…	1211	1236	…

── 滝 川 ── 旭 川 （その1） （函館本線・下り）

札幌	釧路		稚内	岩見沢	旭川	滝川	札幌	網走	岩見沢	名寄	滝川	札幌	根室	岩見沢	札幌	名寄	岩見沢	旭川	札幌		岩見沢	旭川	滝川	旭川	札幌	網走	釧路	滝川	歌志内		駅 名
101D	603D		303D	527M	815D	529M	847D	145	531M	817D	533M	849D	403D	851D	41	331	853D	3D	903D	一	535M	819D	827	121	537M	5D	801M	857D			始 発
函館 505													森 636				蘭越 1121						函館 608								

（下部は多数の時刻データが密に記載された函館本線・下り時刻表。各欄に多数の発着時刻が並ぶ。駅名欄：おたる、みなみおたる、おたるちっこう、あさり、はりうす、ぜにばこ、ていね、ことに、そうえん、さっぽろ、なえぼ、しろいし、あつべつ、おおあさ、のっぽろ、えべつ、とよほろ、ほろむい、かみほろむい、いわみざわ、みねのぶ、とうしゅない、びばい、ちゃしない、ないえ、とよぬま、すなかわ、たきかわ、えべおつ、もううし、ふかがわ、おさむない、かむいこたん、いのう、からぶみ、あさひがわ、終着、次の頁）

千 歳 ── 札 幌 （室蘭本線・千歳線・下り）

札幌	札幌	東室蘭	岩見沢	札幌		網走	幌別	小樽	室蘭	東室蘭	札幌	札幌	岩見沢	旭川	室蘭	室蘭	札幌	札幌		静狩	札幌	登別	室蘭	室蘭	東室蘭	札幌	静狩	室蘭	東室蘭	駅 名
2117D	217D	525	229	219D		5D	565D	1231D	245	597D	1215D	231	203D	549D	247	21D	1213D			533D	6205D	569D	55 ID	553D	1591D	231D		535D	555D	591D	

（下部は室蘭本線・千歳線・下りの時刻表。駅名欄：あおもり、はこだて、はこだて、おしゃまんべ、おしゃまんべ、あさひはま、しずかわ、れぶん、おおきし、とうろ、とうや、うす、ながわ、だてもんべつ、まれっぷ、さきもり、じんやもち、もとわくし、ひがし、わにし、みさき、ほくい、むろらん、むろらん、ぼしい、みさき、ひがし、むろらん、など）

函館本線

道南の二大幹線、函館本線と室蘭本線が出会う長万部駅付近で貨物列車と擦れ違った。けん引機はD50形蒸気機関車。149号機は新製直後に東海道本線で箱根越えの補機を務め、後に常磐線等で運用する機関車を抱える平機関区へ転属した。1954（昭和29）年に渡道して追分機関区に配属。1965（昭和40）年当時は岩見沢第一機関区（現・岩見沢運転所）の所属だった。室蘭本線等で貨物列車のけん引に当たっていた。◎函館本線　長万部　1965（昭和40）年6月

小窓を連ねたスハフ32形等の旧型客車で編成された列車をけん引して、D51形蒸気機関車が建設されてまだ間もない風合いのホームに入線して来た。非電化区間の小樽以西から運転して来た汽車だろうか。昨年、電化開業を迎えた駅構内には、交流電化らしい大きな碍子を吊るした架線施設が頭上を横切っていた。◎函館本線　小樽　1969（昭和44）年8月

初の北海道向け国鉄形電車となった711系。1968（昭和43）年に予定されていた函館本線小樽駅〜滝川駅間の電化開業に備え、前年に仕様の異なる2両編成2本が製造され、耐寒耐雪等の試験を重ねていた。電源方式は交流専用。車体全体はえんじ色（赤2号）で、制御車正面の運転台下にクリーム4号の警戒塗分けを加えた塗装だった。
◎函館本線　札幌　1973（昭和48）年8月13日

急行運用に就く711系。道内の車両にふさわしく、客室窓は二重の耐寒構造である。当時の気動車に比べて最高速度、加速度に秀でた新型電車は、停車駅を増やしつつ、従来の車両と同じ所要時間で運転区間を走破する実力を備えていた。高性能を活かして、急行「かむい」の停車駅に札幌近郊の主要駅等が追加された。◎函館本線　札幌

登場以来、函館本線電化区間の客貨列車を一手に担ったED76形500番代機。真紅の交流型電気機関車と茶色い旧型客車の取り合わせは、鉄道車両が近代化されていく中での過渡的な彩りだった。先頭に立つ502号機は試作機として製造された、501号機に続く量産機の最若番だ。◎函館本線　札幌

札幌駅で並んだ711系電車とキハ22形気動車。第二次世界大戦の終結以後に推進された鉄道車両の本格的な動力近代化は昭和40年代に入り、その成果が北の大地にまで及ぶ運びとなった。それまで蒸気機関車が旧型客車をけん引していた札幌近郊の列車は、電車や気動車に置き換えられていった。◎函館本線　札幌　1973（昭和48）年8月12日

旧型客車6両編成の普通列車をけん引するED76形電気機関車。耐寒耐雪構造を備えた北海道仕様の500番代機である。函館本線は1968（昭和43）年に小樽〜滝川間が電化された。電化開業に先立ち銭函〜手稲間に設けた電化試験区間で、試験運転が1966（昭和41）年から実施されていた。◎函館本線　大麻　1978（昭和53）年7月29日

1975（昭和50）年に函館本線の電化区間で運転していた急行「かむい」「さちかぜ」が特急に格上げされた。新特急の名称は「いしかり」。運行開始時には専用の新型車両が予定されていたが間に合わず、東北、北陸地区ですでに実績があった485系電車を極寒冷地仕様として耐寒耐雪構造を施行した1500番代車を暫定措置として投入した。
◎函館本線　大麻　1978（昭和53）年7月29日

煙突と一体化したドームをボイラー上に載せたD51形蒸気機関車15号機。1954（昭和29）年9月に貨物列車をけん引して室蘭本線を走行中、台風15号による豪雨で発生した土砂崩れに乗り上げて脱線転覆した。しかし国鉄（現・JR北海道）苗穂工場で復旧され、本線上の蒸気機関車が全廃された1975（昭和50）年まで、終始岩見沢第一機関区（現・岩見沢運転所）に所属した。
◎函館本線　岩見沢　1965（昭和40）年6月

岩見沢機関区で休む蒸気機関車を車内から撮影。札幌駅～旭川駅間が電化される前の函館本線ではC55、C57形等、細身のボイラーを載せた旅客用機関車が、旅客列車のけん引に使用されていた。C55形47号機は旭川機関区に所属。運転台は厳寒地での運用に備え扉の付いた密閉型になっていた。前照灯は大型のものを1灯装備。車体周りに北海道独自の重装備が見られない美しい機関車だった。◎函館本線　岩見沢　1965（昭和40）年6月

室蘭本線

室蘭本線の終点、岩見沢駅がある岩見沢市の郊外南部に当たる栗沢町界隈。線路は夕張川の右岸沿いに延びる。栗山駅〜栗丘駅間は1969（昭和44）年に複線化された。増線部分は従来からの線路から少し離れた新栗山トンネルを経由している。増線部分は手前側に建設されるが、まだない。
◎室蘭本線　栗山〜栗丘
1967（昭和42）年8月12日

道路沿いに敷かれた夕張川沿いの従来線を行く気動車列車。急斜面の麓には栗山トンネル手前に近年建設された落石覆いが設置され、線路に沿って擁壁が続く。昭和40年代の北海道では、多くの幹線系路線でも蒸気機関車が健在ぶりを示していた。しかし、その反面でキハ22等の近代形気動車は確実に台頭しており、クリーム色と赤の国鉄一般形気動車色は新しい地方路線の彩りとして定着しつつあった。
◎室蘭本線　栗山〜栗丘
1967（昭和42）年8月12日

千歳線

千歳線の旧線区間に設置されていた西の里信号場。札幌口で増大する輸送量に対応すべく、列車の交換、待避施設を備えた信号場として1960（昭和35）年に開業した。車窓から眺める構内には、キハ56形等の気動車を連ねた急行「すずらん」が停車していた。同列車は函館駅〜札幌駅間を室蘭本線、千歳線経由で運転していた。
◎千歳線　西の里（信）　1965（昭和40）年6月15日

根室本線

眩ゆい緑が車窓を流れていった。機関音を山中に響かせながら進む気動車急行の姿を客席の窓際から堪能した。上川地方と十勝地方を分ける狩勝峠は鉄道の開業以来、急勾配が続く難所となっていた。昭和40年代に入り、勾配を緩和して経路を大きく変更した新線の建設が進められた。◎根室本線　落合〜新得　1965（昭和40）年6月

石北本線

ヨン・サン・トオの白紙ダイヤ改正が実施された頃まで、北海道の石北本線には多彩な名称の急行列車が運転されていた。Ｃ58形蒸気機関車にけん引されて網走駅に入って来た列車は夜行準急「石北」くずれ。荷物車の後に10系寝台車を連結していた。編成の３両目に見える車体の中央部に乗降扉を備えた客車は、二等三等寝台合造車のオロハネ10形だ。
◎石北本線　網走
1965（昭和40）年６月14日

釧網本線

線路際に並ぶ灌木の間から煙が上がった。客貨列車両用の汎用機として製造されたC58形蒸気機関車は、輸送量が幹線系の路線に比べて小さく、混合列車が設定されていた釧網本線に適した機関車だった。392号機は第二次世界大戦後の1946（昭和21）年製。炭水車は船底型の車体構造だ。◎釧網本線　弟子屈　1965（昭和40）年6月14日

釧網本線の普通列車に連結されたキハ05形気動車。単行で隣接していた標津線等の普通列車に使用されていた機械式気動車は回送を兼ね、付随車として客車列車に併結されることがあった。車内に乗客の影は見られないものの、客室窓の下に掛けられた行先表示板が、営業列車であることを窺わせていた。◎釧網本線　弟子屈　1965（昭和40）年6月14日

傾斜がきつい北国らしい屋並の向こうを、蒸気機関車が煙を吐きながら走って行った。客貨列車両用で中庸な大きさのC58形は、混合列車が設定されるほどの輸送規模だった釧網本線で重宝された。北海道の道東地区を太平洋側からオホーツク海側へ縦断する同路線の延長距離は160km以上と地方路線としては長く、炭水車を備えたシゴハチは全区間の通し運転に適していた。
◎釧網本線　弟子屈　1965（昭和40）年6月14日

湧網線

網走駅のホームで客待ち顔のキハ07形気動車。初夏を迎えて乾いた空気に包まれる北海道では市街地でもさわやかなのか、側面の片側に3か所ある乗降口は1つのみが開けられ、客室窓はほとんどが閉められていた。網走周辺ではオホーツク海沿岸を紋別郡上湧別（現・湧別）町の中湧別駅まで延びていた湧網線等で運用されていた。
◎湧網線　網走　1965（昭和40）年6月14日

東北本線

神田駅のホームから見た東北本線を行く準急「湘南日光」。上野駅～日光線日光駅間で運転していた準急「日光」を伊東線伊東駅を始発終点として、東海道本線経由で運転した列車だった。1959（昭和34）年11月から翌年1月にかけて同経路の列車が運転され、1961（昭和36）年に「湘南日光」として設定された。特急用の151系電車と同等の設備を備える157系電車が充当された。
◎東北本線　神田　1962（昭和37）年9月

九州方面から終点東京駅に到着した寝台特急の客車編成は、品川客車区（現・東京総合車両センター田町センター）へ回送される。けん引機は切り離されて次に到着する列車のけん引に備え、神田方の構内にしばらくの間停車していた。営業列車としてけん引してきた客車の回送は、前着列車の機関車が担当した。ブルートレインの全盛期に、毎日繰り返されて来た儀式だった。
◎東北本線　神田　1978（昭和53）年8月5日

上野駅～長野駅間を結ぶ特急「あさま」が運転を開始。営業初日には上野駅で出発式が執り行われた。列車の前に吊るされた
久寿玉が割れて祝賀ムードは最高潮。運転席の傍らには花束が添えられている。窓越しに映るのは報道陣によるカメラの放列。
司会を務める駅職員氏の後に立つ記者が携えるカメラに取り付けられたフラッシュバルブの傘が時代を感じさせる。
◎東北本線　上野　1966（昭和41）年10月1日

上野駅と青森駅を常磐線経由で結んでいた特急「はつかり」。1960（昭和35）年末よりキハ80系気動車で運転した。ボンネット
形のキハ81形を編成の両端部に組み込んだ車両は、同列車を客車から置き換えるために新製された。一方、ホーム越しの181系
電車「とき」は1962（昭和37）年の初設定。両列車が北国ゆかりの拠点駅で日常的に肩を並べていた期間は、「はつかり」の電
車化等で思いのほか短かった。◎東北本線　上野　1965（昭和40）年2月28日

157系電車で運転した特急「白根」。上野駅と吾妻線長野原（現・長野原草津口）駅を結ぶ臨時特急として下り2本、上り1本が1971（昭和46）年4月に設定された。車両は特急「あまぎ」等で使用されていた、田町電車区（現・東京総合車両センター田町センター）所属の予備編成が充てられた。◎東北本線　上野　1975（昭和50）年6月29日

ホーム越しに並んだ特急「とき」と「あさま」。東海道新幹線開業前の東京駅を彷彿とさせるこだま形電車の競演が、昭和50年代まで日常的に上野駅で見られた。間もなく後継車両となった183系等が登場し、特急列車が行き交うターミナル駅の光景から、ボンネット形電車の影は薄くなっていった。◎東北本線　上野　1975（昭和50）年6月29日

近所を走る特急列車に魅せられて「鉄道愛好家」となった子ども達にとって東京や上野等、多種多様な車両がやって来る駅は、
憧れの電車を間近で見て撮影できる手軽な撮影地だった。報道等で大きく取り上げられた「SLブーム」が過ぎようとしていた頃、
愛好家の多くは、次に姿を消す国鉄の動力近代化初期に製造された優等列車用車両に目を向けていた。
◎東北本線　上野　1975（昭和50）年6月29日

181系電車で運転していた特急「とき」。1962（昭和37）年に専用車両の161系を投入して1往復の運転を開始した。1965（昭和40）年3月には定期列車で2往復体制となった。以降、年を追うごとに増発が繰り返され、鉄道開業100周年を迎えた1972（昭和47）年には10往復にまで成長した。◎東北本線　上野　1965（昭和40）年2月28日

客車列車の特急「はつかり」。運転最終日にはけん引機C62形蒸気機関車が猛然と煙を吹き上げて上野駅を発車して行った。後に続く客車は特急用のスハ44系。青色の車体に３本の白線を巻いた塗装は、20系客車に倣った意匠だった。
◎東北本線　上野　1960（昭和35）年12月９日

デッキに赤い円盤を取り付けたEF57形電気機関車が、上野駅の地平ホームに入って行った。宇都宮運転所に在籍した同機は、東北本線の直流電化区間で急行「津軽」「八甲田」等の優等列車をけん引する傍ら、まだ旧型客車で運転していた普通列車けん引の運用にも多用された。都心の拠点駅には昭和50年代の始めまで、デッキ付きのF級電気機関車が日常的に顔を出していた。
◎東北本線　上野　1965（昭和40）年2月28日

451系電車で運転する急行「みやぎの」。上野駅～仙台駅間を東北本線経由で結んでいた。同列車名は最初、1959（昭和34）年に設定された常磐線経由の気動車急行につけられた。1961（昭和36）年10月1日のダイヤ改正時に急行「みやぎの」は急行「陸中」と改称。「みやぎの」は新設された東北本線経由で上野駅～仙台駅間を結ぶ客車急行へ引き継がれた。列車は翌年に電車化された。
◎東北本線　上野　1963（昭和38）年5月

上野駅の外れに架かる両大師橋から日暮里駅方を眺めていたら、山手線の内回り外回り列車が鶯谷駅へ向かう急曲線区間で擦れ違った。黄色い車体の電車は101系。黄緑色の電車は103系だ。103系電車の登場で路線毎に運転する電車の車体塗装を塗分けた首都圏の通勤路線だったが、両形式が混在する期間は2種類の色をまとめた電車が行き交った。
◎東北本線　上野～鶯谷　1965（昭和40）年2月28日

上野駅～山形駅間を結ぶ特急「やまばと」。1964（昭和39）年にキハ82系気動車を充当して1往復で運転を開始した。1968（昭和43）年10月1日の白紙ダイヤ改正時に485系電車に置き換えられた。同時に上野駅～郡山駅間で実施されていた会津若松駅発着の編成の併結運転を取りやめ、磐越西線へ入る列車は特急「あいづ」となった。
◎東北本線　尾久～上野　1975（昭和50）年1月5日

上野駅～仙台駅間を東北本線経由で結んでいた特急「ひばり」。1961（昭和36）年にキハ82気動車を用いた不定期列車として設定された。定期列車となった後の1965（昭和40）年に483系により電車化され、運転本数も2往復になった。以降、列車の長編成化、増発が繰り返されて東北新幹線開業まで、東北本線を代表する列車の一つとなった。
◎東北本線　尾久～上野　1983（昭和58）年1月5日

1971年に営団千代田線の連絡駅として開業した西日暮里駅。整地された法面に近い構内のホームには山手線、京浜東北線の電車が発着する。昭和時代が半世紀を過ぎた頃、都内を走る国鉄路線の通勤電車は近代型の４扉車である103系が主流になり、路線別に分かれた多彩な車体塗装が街並みを華やかに見せていた。◎東北本線　西日暮里　1975（昭和50）年１月５日

青い車体に車端部周りの黄色い警戒塗装が際立つクモル145形。老朽化が目立っていた旧型の配給電車を置き換える目的で1980年から翌年にかけて製造された。余剰となった101系電車から主電動機、電動発電機、台車等を流用。車体は新製で強度を高める観点から17m級車とし、重い積載物に対応できるよう台枠を従来車よりも厚くした。
◎東北本線　南浦和　1982（昭和57）年10月２日

東北本線の電化延伸と共に運用範囲、運転本数を拡大してきた交直流両用の急行形電車。グリーン車を含む6両編成を2本併結した列車が、6本の線路が並ぶ浦和市内を行く。1962（昭和37）年に登場した451系電車は　上野駅と電化が完成した仙台地区を結ぶ客車編成で運転していた急行、準急列車を置き換えた。なお、写真は475系だ。
◎東北本線　北浦和〜浦和
1982（昭和57）年10月4日

上野駅と磐越西線会津若松駅を結んで
いた特急「あいづ」。1968（昭和43）年
10月1日に実施されたヨン・サン・トオ
のダイヤ改正時に同駅間で運転してい
た特急「やまばと」の会津編成を改称
し、それまで上野駅〜郡山駅間で併結運
転していた上野駅〜山形駅間を結ぶ特
急「やまばと」から分離して単独の列車
とした。
◎東北本線　浦和〜北浦和
1982（昭和57）年10月4日

大宮駅を始発とする暫定開業になった東北新幹線と上野駅を結ぶべく、「新幹線リレー号」が新幹線の開業時より上野駅〜大宮駅間に運転された。営業上は新幹線列車の延長とされ、運転区間内の途中停車駅は設定されなかった。特に新幹線用を除く定期券では乗車できない等の制約がいくつかあり、新幹線連絡に特化した性格の列車だった。
◎東北本線　北浦和〜浦和
1982 (昭和57) 年10月4日

ボンネット形電車の麗姿が三複々線区
間を走り抜けた。上越新幹線の開業で列
車そのものが時刻表から消え去る運命
にあった特急「とき」の運用に就く181
系電車。「こだま形」の流れを汲む最後
の直流形電車になっていた。大型のヘッ
ドサインは絵入りのものとなっていたが
個性的な姿は健在だった。
◎東北本線　北浦和〜浦和
1982（昭和57）年10月4日

前面非貫通仕様のクハ481形を先頭にした特急「つばさ」。上野駅〜秋田駅間を東北本線、奥羽本線経由で結んだ。同列車に485系電車が投入されたのは、奥羽本線の全線電化が達成された1975（昭和50）年11月24日。当初は1000番代が間に合わず前面に貫通扉を備えるクハ481形200番代車両が充当された。冬季の雪害対策を強化した非貫通仕様の1000番代車両に、翌年早々に置き換えられた。◎東北本線　浦和〜北浦和　1982（昭和57）年10月4日

東北本線、高崎線、信越本線、北陸本線経由で上野駅と金沢駅を結んでいた特急「白山」。超急勾配区間が控える信越本線横川駅〜軽井沢駅間の碓氷峠区間では補助機関車EF63形との協調運転を行っていた。同区間に対応し、交直流電化区間を行き来できる特急形電車として、485系の特殊仕様車と位置づけられる489系が製造された。
◎東北本線　北浦和〜浦和　1982（昭和57）年10月4日

絵入りのヘッドサインを掲出した特急「ひばり」。担当する電車は各地の電化幹線で主力となっていた485系だが、先頭車は北海道の特急「いしかり」に使用されたクハ481形1500番代車である。後に後継車両781系の増備が進み、1980（昭和55）年に本州へ転属している。運転台上部に取り付けられた2つ並びの前照灯が特徴だ。青森運転所（現・盛岡車両センター青森派出所）所属時には主に特急「はつかり」「いなほ」等で使用された。
◎東北本線　北浦和〜浦和　1982（昭和57）年10月4日

上野駅〜秋田駅間を奥羽本線経由で結んでいた特急「つばさ」。1961（昭和36）年10月1日のダイヤ改正でキハ82系気動車で運転を開始した。使用車両は後にキハ181系気動車を経て、1975（昭和50）年に奥羽本線の全線電化に伴い、485系電車に置き換えられた。編成はグリーン車、食堂車を含む12両。7両が指定席車だった。
◎東北本線　浦和〜北浦和　1982（昭和57）年10月4日

東北本線で運転する列車が集った尾久客車区東大宮派出所（現・大宮総合車両センター東大宮車両センター）。1969（昭和44）年に暫定で使用が開始され、1973（昭和48）年に全ての構内が機能し始めた。当時の配置車両は400両。収容両数は550両だった。
◎東北本線　尾久客車区東大宮派出所（現・大宮総合車両センター東大宮車両センター）　1974（昭和49）年11月

特急用車両の185系電車。200番代車は東北新幹線の起点駅が大宮であった頃に運転していた、上野駅〜大宮駅間を結ぶ「新幹線リレー号」などに投入された。クリーム10号の地に緑14号の帯を巻いた塗装は、当時の東北新幹線200系に近い意匠だった。従来の国鉄形特急電車とは異なる趣だが正面の特急マークと側面の客室窓上貼られたJNRマークが、特急用車両であることを主張していた。◎東北本線　大宮　1984（昭和59）年4月30日

朝もやの中にデッキを備えた電気機関車の個性的な影が浮かび上がった。EF57形は宇都宮運転所（現・宇都宮運輸区）に所属。昭和50年代初期まで東北本線の直流電化区間で活躍した。当時は同じ車両基地に在籍したEF58形電気機関車と共通運用だった。けん引するグリーン車、A寝台車を連結した列車は、東北本面から夜を徹して走って来た上りの夜行急行だ。
◎東北本線　蓮田〜白岡
1975（昭和50）年3月

東北本線　45

上野駅を始発終点とし、東北本線、高崎線等で運転される特急列車の名称として1985（昭和60）年に設定された列車名称の「新特急」。「新特急なすの」は上野駅～宇都宮駅、黒磯駅間で運転していた急行「なすの」を特急に格上げした列車。1985（昭和60）年3月14日の東北新幹線上野駅～大宮駅間の開業に合わせて運転を開始した。
◎東北本線　自治医大～小金井　1988（昭和63）年3月31日

前面に突き出した集電装置（パンタグラフ）が勇ましい表情のEF57形電気機関車がけん引する急行列車。両端部に細長い形状のデッキを備えるF級電気機関車は、1940（昭和15）年から1943（昭和18）年にかけて製造された戦前派。東海道本線、高崎、上越線で使用された後、昭和30年代半ばに14両全機が東北本線宇都宮機関区（現・宇都宮運輸区）へ転属した。
◎東北本線　片岡〜蒲須坂
1974（昭和49）年11月

客車列車をけん引するEF58形電気機関車が、簡潔な設えの橋梁が那珂川水系荒川に架かる田園を駆けて来た。郵便荷物車を含む11両編成の旧型客車は、客車列車の全盛期を彷彿とさせた。昭和40年代の後半は、近郊区間の列車に電車が勢力を延ばしていた時期だったが、東北本線ではまだ普通列車用の電車が不足がちだった交流区間はもとより、直流区間でも上野駅〜黒磯駅間等の列車に客車を充当していた。◎東北本線　片岡〜蒲須坂　1974（昭和49）年11月

朝の黒磯駅に上り寝台特急「はくつる」が到着した。夜を徹して交流電化区間を走り抜けて来たED71形電気機関車が切り離されて列車と並んだ。列車名を記した機関車のヘッドマークと客車のテールマークが一瞬顔を合わせる。ED71形は東北本線で黒磯駅以北の交流電化区間に1959（昭和34）年から投入された。◎東北本線　黒磯　1965（昭和40）年6月16日

白地に列車種別と列車名を記載した簡潔な設えのヘッドマークを掲出する急行「みやぎの」。上野駅～仙台駅間を結んでいた。1959（昭和34）年から常磐線経由で運転していた気動車列車の経路を、1961（昭和36）年10月1日のサン・ロク・トオダイヤ改正時に全区間東北本線へ変更した。同時に車両を交直流両用の急行形電車に置き換えた。1964（昭和39）年には急行「吾妻」を編入して1日2往復の運転となった。◎東北本線　1963（昭和38）年3月2日

長躯青森駅からやって来た上り寝台特急の前にブドウ色2号単色で車体を被ったEF58形電気機関車が連結された。特急「はくつる」は1964（昭和39）年に東北本線では初となる寝台特急として設定された。運転当初、上り列車は青森駅を22時40分に発車。終点の上野駅へ10時20分に到着した。直流電化区間に入っても、終点までは未だ150km以上の道のりがあった。
◎東北本線　黒磯　1965（昭和40）年6月16日

485系電車で運転する特急「ひばり」。上野駅～仙台駅間を結ぶ都市間特急は当初、キハ82系気動車で運転した。1965（昭和40）年に仙台駅～盛岡駅間が電化開業した際、東北本線で運転する特急列車の電車化を推進すべく、電源周波数交流50Hz区間に対応する中間電動車モハ482形、483形を編成に組み込んだ483系52両が仙台運転所（現・仙台車両センター）に配置された。
◎東北本線　1982（昭和57）年2月13日

花輪線

構内の外れで、蒸気機関車が入れ替え作業を行っていた。小さな木造の詰所が置かれた分岐装置の傍らでは、黄土色の帽子を被った職員が、転輪機を動かしていた。乾いた音と共に側線が本線と繋がる。動き始めた8620形は炎天下で黒煙を盛大に吹き上げ始めた。◎花輪線　龍ケ森（現・安比高原）　1970（昭和45）年8月9日

龍ケ森(現・安比高原)駅から岩手松尾(現・松尾八幡平)駅方面へ高く茂った草木をかき分けながら進んで行くと、程なくして大きな曲線を描く築堤が目の前に広がった。木陰からカメラを構えると遠くで甲高い汽笛が響き、大正時代製の旅客用機関車8620形が三重連で現れた。◎花輪線　龍ケ森付近　1970(昭和45)年8月

岩手県下の好摩駅と秋田県の大館駅を結ぶ花輪線。途中の県境付近には急勾配が控える山越え区間がある。昭和30年代から旅客列車の気動車化が進められ、二機関を備えるキハ58形等の車両が急行列車の運用に就いた。昭和40年代当時の車両は冷房装置を載せておらず、真夏を行く列車の客室窓は多くが開け放たれていた。
◎花輪線　龍ケ森付近　1970(昭和45)年8月9日

米坂線

朝の客車列車は米沢行き。長いホームには女子学生が二人きりで汽車を出迎えた。旧型客車の先頭に立つ79607号機は、シールドビームの前照灯を2か所に装着した山路仕様。落石等、不慮の災害に備えた装備だった。同機は昭和40年代の前半、小振りな郡山工場式の集煙装置を装着していたが、米坂線の蒸気機関車が廃止される頃には取り外して運転していた。
◎米坂線　羽前椿
1971（昭和46）年

白い花が構内を彩る今泉駅。急行列車が停まるホームの横に9600形蒸気機関車が貨車を率いて停まっていた。機関車の前には給水栓があり、出発前の整備を行うことができるようだ。当駅では米坂線と長井線（現・山形鉄道フラワー長井線）が出会う。長井線には1972（昭和47）年まで9600形が貨物列車をけん引して入線していた。
◎米坂線　今泉
1971（昭和46）年

米沢駅〜今泉駅間の区間列車には気動車が台頭していたものの、全線を通して走る普通列車には、未だ客車列車が多く設定されていた昭和40年代半ばの米坂線。9600形が単機でけん引した。雪晴れの平坦区間を走る足取りは軽快だ。重たい長編成の旧型客車をものともせず、大正生まれの老雄は白い蒸気を吹き上げながら、ホームへ滑り込んで来た。短い汽笛が構内に響いた。
◎米坂線　羽前椿　1972（昭和47）年3月2日

混合列車をけん引する9634号機。同機は東北本線の長町駅で貨物ヤード等の入れ替え機として使用された後、昭和40（1965）年に米坂線で運用される蒸気機関車が配置されていた米沢機関区に転属して来た。米坂線の無煙化まで同路線で活躍し、1972（昭和47）年3月13日に米沢駅〜坂町駅間で運転された「SLさよなら列車」を79606号機と重連でけん引した。
◎米坂線　羽前沼沢付近　1972（昭和47）年3月2日

冬には深い雪が沿線を包み込む米坂線。4対の小さな動輪を履く9600形蒸気機関車は僅か3両客車をけん引して、間瀬川の渓谷をゆっくりと進む。当路線最大の難所である宇津峠を過ぎ、列車は沿線の拠点である小国駅へ向かって、蛇行する川沿いの道を行く。行く手が開ける伊佐領駅までは、まだ数本のトンネルを潜る。◎米坂線　羽前沼沢付近　1972（昭和47）年3月2日

陽光が差し込んだ山間の駅に蒸気機関車が貨物列車をけん引機して入線して来た。上り勾配区間を控えてか、構内に入ってもカ
行を続けているようだ。69652号機等、形式に動輪の数が英字で表記されていない機関車では、ナンバープレートで形式番号の
前に付された数字が、号数で100の位を指している。69652であれば9600形機関車の652号機を表している。
◎米坂線　羽前沼沢　1972（昭和47）年3月2日

間瀬川、秋沢川がつくり出す谷間を辿る鉄路は、一駅過ぎる毎に屏風のように切り立った山塊が立ちはだかり険しさを増していった。遥か眼下を流れる渓流に架けられた橋梁は軌間の倍くらいの幅で、積雪の中を行く列車は綱渡りに興じているようにも見えた。それでも熟練の運転士が操る急行形気動車は、安定した足取りでトンネルが続く難所を力強く通過して行った。
◎米坂線　羽前沼沢付近　1972（昭和47）年3月2日

福島、新潟の県境を横断し、日本海側の地域に属する米坂線。その沿線は冬ともなれば深い雪に閉ざされる。3月の声を聞いて、少しだけ顔を覗かせた凍土を見て一息つくものの、行く手には運転に気を抜くことは許されない白く険しい谷が続く。急勾配の雪道を走破するのは急行形、普通形を取り混ぜた気動車列車だ。◎米坂線　羽前沼沢付近　1972（昭和47）年3月2日

昭和40年代半ばに入ると、東北各地で見られた蒸気機関車は、動力近代化の波が押し寄せる中でディーゼル機関車に置き換えられていった。大正生まれの9600形が宇津峠で力闘を繰り広げた米坂線も、近代化が図られた路線の一つだった。客車は旧型のままだが、軽快ないで立ちで列車の先頭に立つDE10形は、地方路線の未来を担う新時代の主役と映った。
◎米坂線　羽前沼沢付近
1971（昭和46）年6月7日

日中線

会津盆地の北部を通り、磐越西線の喜多方駅と熱塩駅を結んでいた日中線。1日3往復の混合列車が運転されるばかりの閑散
路線だった。終点の熱塩には転車台があったものの、末期には使用されず、喜多方から列車をけん引して来たC11形蒸気機関車
は、機回し線を伝って列車の喜多方側へ移り、逆機で上り列車のけん引に当たっていた。当路線は1973（昭和48）年に無煙化。
1984（昭和59）年4月1日を以て全線が廃止された。◎日中線　熱塩　1973（昭和48）年11月17日

熱塩駅を発車した混合列車。けん引機のC11形蒸気機関車は逆機運転だ。機関車の次位には2軸の有蓋貨車が連結されていた。
会津加納駅〜熱塩駅間の貨物列車は1957（昭和32）年7月1日に一旦廃止された。しかし2か月後の9月1日に運転を再開。以降、
無煙化後の1983（昭和58）年まで、11.6kmの短路線に小さな列車が運転され続けた。
◎日中線　熱塩　1973（昭和48）年11月17日

只見線

早朝の只見線を走る急行「いなわしろ」。
仙台駅〜只見・会津田島駅間を結ぶ列
車で仙台駅〜福島駅間は普通列車とし
て運転した。途中、会津若松駅で磐越西
線喜多方駅を始発終点とする編成や会
津線発着編成と併結解放を行った。只
見線内では一般形気動車のキハ52形が
単行で運用に就いた。その閑散路線の
普通列車と見まごう姿から、遜色急行と
呼ばれたこともあった。
◎只見線　会津坂下〜若宮
1973（昭和48）年6月3日

貨物側線、機回し線、留置線等が敷設され、多機能な線路配置構造だった会津坂下駅。両側に線路が敷かれた駅舎と対峙する島式ホームには通常下り列車が発着する。また当駅は保線区の拠点でもあった。側線の傍らにはビニールシートを被せられた木材が積まれている。
◎只見線　会津坂下
1973（昭和48）年6月3日

構内の駅舎側には貨物側線、保線機材を収める小さな車庫があった。貨物側線の側には米等を収める倉庫が建つ。またホームの外れには、入れ替え作業等を行った蒸気機関車が水を補給するための給水施設を備えていた。円錐形の屋根を被せられた小さな水槽が、鋼材で組まれた櫓の上に載っていた。会津坂下駅での貨物扱いは1982（昭和57）年まで行われた。
◎只見線　会津坂下　1973（昭和48）年6月3日

只見川の支流である滝谷川の畔にある滝谷駅。かつては列車交換ができるホーム2面3線の構内配線を備えていた。車窓から見えるホームの側には垣根がつくられ、剪定等の手入れがされている様子だった。当駅は1971（昭和46）年に貨物、荷物の取り扱いが廃止されると共に職員が無配置となった。しかし運転要員は引き続き配置され、通票授受等の様子を見ることができた。
◎只見線　滝谷　1973（昭和48）年6月3日

会津盆地西部の町会津坂下町。鉄道玄関口の会津坂下駅は商店が軒を連ねる市街地の南側にある。発着する旅客列車は1〜3時間に1本ほどで、下り列車では4時間以上に亘って間隔が空く時間帯もある。夕刻には会津若松駅から、当駅折り返しの列車が1往復設定されている。閑散路線故、拠点駅といえども二本のホームは構内踏切で結ばれる。
◎只見線　会津坂下　1973（昭和48）年6月3日

会津（現・只見）線の終点として1942（昭和11）年に開業した会津宮下駅。第二次世界大戦後の1956（昭和41）年に当駅〜会津川口駅間が延伸開業して途中駅になったが、構内には転車台や留置線等の施設が現在まで残る。運転本数が少ない只見線だが、当駅で交換する列車もある。◎只見線　会津宮下　1973（昭和48）年6月3日

沿線を線路と絡むように流れる只見川では8か所に鉄道橋梁が架かる。第4只見川橋梁は中央部に上部トラス構造の橋が渡されている。勇壮な表情を見せる川岸の岩場を見下ろして、C11形蒸気機関車がけん引する貨物列車が橋ををを渡って来た。244号機は昭和40年代半ばに青森機関区（現・青森総合鉄道部）から会津若松運転所（現・会津若松運輸区）へ転属。以降、只見線、会津線の無煙化まで、同区に在籍した。◎只見線　会津水沼〜会津中川　1973（昭和48）年8月3日

只見線と同じく只見川の流れに沿って延びる国道252号線（沼田街道）と、茨城県の県庁所在地水戸市へ続く国道400号線が出会う金山町川口。会津川口駅は町役場が置かれた只見川流域の中心地にある。1974（昭和49）年まで運転された蒸気機関車がけん引する貨物列車は、運転末期になると当駅で折り返す便が多かった。
◎只見線　会津川口
1973（昭和48）年6月3日

広々とした川面を湛える只見川の畔に設
置された会津川口駅。山肌の木々は葉
を落とし、冬枯れの景色に寂しさが漂う。
がらんとした駅構内には気動車と貨物列
車がやや距離を置いて停車していた。貨
物列車をけん引する蒸気機関車から吐き
出された白煙が霧のようにゆっくりと広が
り、辺りを幽玄の世界に包み込もうとして
いた。
◎只見線　会津川口
1973（昭和48）年12月

会津川口駅の会津若松方で線路は只見川の右岸に沿う。国道が並行しているものの、周辺に草木が被さりその存在を目立たなく
していた。川面は山の木々を映し出して渋い緑の色調を湛えているが、時折強く吹く北風が波を掻き立ててその表情を乱してし
まう。普通列車は定刻通りに5両で現れた。閑散路線にとっては長大編成である。
◎只見線　会津川口〜会津中川　1973（昭和48）年12月

只見川流域の電源開発工事に伴い建設された専用鉄道の跡地に、国鉄（現・JR東日本）会津線の終点として開業した只見駅。蒸気機関車が貨物列車をけん引していた昭和40年代の末期に当駅を起点終点とする定期列車は、1日1往復が設定されていた。13時過ぎに会津若松方から到着した列車は、15時台に折り返し当駅を発車して行った。他に臨時列車が1往復設定されていた。
◎只見線　只見　1973（昭和48）年6月3日

只見ダムの麓に置かれた只見駅。駅構内の駅舎側には食堂等が建つ小さな集落があり、西側には水田が広がる。ホームは鋼材を組んだ土台の上に板材を渡した簡易な構造だ。当駅での荷物取り扱いは1984(昭和59)年2月のダイヤ改正時まで継続された。到着した列車には、旅客郵便荷物合造車のキハユニ26形気動車が連結されていた。
◎只見線　只見　1973(昭和48)年6月3日

会津線

奥手に貨車が留め置かれたホームに、会津若松方面からの列車が到着した。上り方には運転台周りの上部に2つの前照灯を備えるキハ45形が連結されていた。同車両は都市部周辺の路線における通勤客輸送と、地方都市を結ぶ中距離列車へ投入することを想定して開発された。キハ20形等、従来の一般形気動車よりも車内通路、出入口の幅が広く取られた。
◎会津線　会津田島
1973（昭和48）年12月

駅名票のひらがな表記では、地域名を示す「あいづ」の文字が「たじま」よりも小さく書かれていた。現在、田島を名乗るJR駅は当駅の他、飯田線の伊那田島駅がある。会津田島駅は1934（昭和9）年の開業。会津線が西会津駅〜上三寄（現・芦ノ牧温泉）駅間で新規開業を遂げてから約7年後に、阿賀川の上流域で栄えた奥会津地方の中心地である田島町（現　南会津町)に鉄道がやって来た。◎会津線　会津田島　1973（昭和48）年12月

郵便、小荷物輸送を気動車列車で行うために、郵便荷物合造気動車が登場した。キハユニ26形は荷物室、郵便室、客室を併せ持つ片運転台車。水回り設備は備えていない。1958（昭和33）年、1963（昭和38）年に59両が製造された。暖地向けの車両だが、積雪を見ることが多い東北地方等の山間路線でも使用された。◎会津線　会津滝ノ原　1973（昭和48）年12月

日光線

宇都宮駅の日光線ホームに停車する準
急「日光」。隣では普通列車の先頭に立
つD51形蒸気機関車が薄い煙を吹き上
げていた。第二次世界大戦後から間もな
くして客車列車で運行を始めた準急「日
光」は1955（昭和30）年に気動車化され
た。日光に向かって上り勾配が連続する
経路に対応して、2機関を搭載したキハ
44700(後のキハ51)形等が充当された。
◎日光線　宇都宮
1956（昭和31）年10月7日

江戸幕府を開いた徳川家康を祀る東照
宮や華厳の滝、中禅寺湖等、著名な寺院、
景勝地が集まる日光へ向かう日光線。明
治時代に開業して以来、東京方面とを結
ぶ快速、準急列車が運転されて来た。し
かし電化開業は1959（昭和34）年9月
22日と以外に遅い。非電化路線時代に
は、D51形蒸気機関車が旧型客車をけん
引する普通列車が運転されていた。
◎日光線
1956（昭和31）年10月7日

常磐線

平（現・いわき）駅に隣接していた平機関区。大型転車台の周りを扇形庫が取り巻いていた。日本最大の旅客用機だったC62形
蒸気機関車を始めとしてC57形、D51形等が在籍した。1965（昭和40）年には12両のC62形を含む36両の蒸気機関車が配置さ
れていた。当区には常磐線の運用に就く機関車の他、磐越東線や水郡線等で使用されるD60形や9600形等が出入りしていた。
◎常磐線　平機関区　1967（昭和42）年6月11日

平機関区における整備線付近の様
子。蒸気機関車に給炭作業を行う
大型のガントリークレーンが据え
付けられ、施設の傍らには石炭が
山のように積まれていた。下に並
ぶC61形、D51形蒸気機関車と比
較すると、規模の大きさを推しは
かることができる。常磐線は東北
本線と共に関東圏と南東北地方を
結ぶ幹線であり、1日にたくさんの
機関車が機関区で整備を済ませて
本線仕業へ出て行った。
◎常磐線　平機関区
1967 (昭和42) 年6月11日

高萩駅～平（現・いわき）駅間は1963（昭和38）年に交流電化された。時を同じくして試作されたED75形電気機関車2両が勝田電車区（現・勝田車両センター）に配置されて各種試験を行った。後に量産車が増備されて27両の配置となり常磐線で運用を始めた。すでに交直両用のEF80形機関車が入線していたため、交流区間での運転が主な仕業だった。
◎常磐線　平機関区　1967（昭和42）年6月11日

上野駅～青森駅間を常磐線経由で運転していた急行「北斗」が特急に格上げされ、寝台特急「ゆうづる」が20系寝台車を投入して1965（昭和40）年10月1日から運転を開始した。平（現　いわき）駅～仙台駅間ではC62形蒸気機関車が電源車を含む13両編成のブルートレインをけん引。漆黒の機関車が夕陽を思わせる赤い地に飛翔する鶴をあしらったヘッドマークを掲出した。
◎常磐線　平機関区　1967（昭和42）年6月11日

常磐線として試運転を行う103系。常磐線は103系が新系列車両として登場した際、投入線区の一つとして候補に挙がっていた。しかし、当時としては長い駅間距離等から充当は見送られた。昭和40年代に入って路線の混雑が激しくなるにつけ列車の定時運行は厳しさを増し、その打開策として103系10両編成が1967（昭和42）年に松戸電車区（現・松戸車両センター）に配置され、常磐線での運用を開始した。◎常磐線

水郡線

鉄道開業100周年を記念して水郡線で運転された「奥久慈86（ハチロク）号」。水戸駅〜常陸大子駅間を大正生まれの旅客用機8620形蒸気機関車が、旧型客車をけん引して1往復した。営業列車は1972（昭和47）年9月23、24日の土日曜日に亘って運転した。記念列車らしく、清流久慈川に老機関車から吐き出される黒煙がなびいた。
◎水郡線　西金〜上小川
1972（昭和47）年9月23日

未だ鉄道が郵便輸送に深く関わっていた時代、輸送規模が小さい地方路線では、旅客列車に郵便荷物合造車を連結して運転した。キハユニ16形は電気式気動車のキハ44100形に郵便荷物室等を増設した元キハユニ44100形。キハ44100形は10両全車が改造された。1957（昭和32）年に施行された車両称号規定改正時にキハユニ16形へ変更された。
◎水郡線　上小川
1972（昭和47）年9月23日

実り色に染まった棚田に沈下橋。昭和40年代の久慈川界隈には、山里の美しい景色が点在していた。貨物列車をけん引するのはDD13形ディーゼル機関車。無蓋貨車の積み荷は西金駅で積み込まれた軌道に散布する砕石のようだ。西金駅〜水戸駅間には、砕石を運搬する貨物列車が不定期運行ながら現在も1往復設定されている。◎水郡線　上小川　1972（昭和47）年9月23日

急行形気動車をキハ25形、キハ20形の一般形気動車で挟んだ普通列車。急行気動車色をまとったキハ28形、キハ58形は屋上に冷房装置を載せているものの、客室窓のほとんどは開けられている様子だった。よく見れば乗務員扉の窓から車掌氏が顔を出して前方を確認している。心地好い初秋の川風が車内に吹き込んでいた。
◎水郡線　上小川付近
1972（昭和47）年9月23日

無蓋車を連ねた貨物列車をけん引してDE10形ディーゼル機関車がやって来た。線路規格が低い地方路線や構内での入れ替え用途を目的として開発された中庸な仕様の機関車は1966（昭和41）年から製造を開始した。各地区の地方路線で列車の無煙化、近代化に貢献し、1978（昭和53）年までに708両が製造された。写真の車両は機関の性能を向上させた1000番代車だ。
◎水郡線　上小川付近　1972（昭和47）年9月23日

首都圏の外観部を通る武蔵野線に現れた「ふれあいみちのく」。編成の間に12系客車2両を挟んでいた。普段は中央本線等の運用に就くEF64形電気機関車がけん引していた。国鉄（現・JR東日本）が1986（昭和61）年に盛岡鉄道管理局（現・JR東日本盛岡支社）に向けて製造した、12系客車を改造した6両編成のお座敷列車だった。両端の車両に洋風、和風の展望室を備えていた。
◎武蔵野線　新座
1990（平成2）年2月18日

武蔵野線

東京近郊の都市を大きな環状で結ぶ武蔵野線。昭和初期に「東京外環貨物線」として計画された路線は、1973（昭和48）年4月1日に府中本町駅～新松戸駅間が開業し、隣接する貨物線等を編入して旅客、貨物営業を開始した。当初の旅客列車には、途中の長大トンネルに対応して、101系電車の初期型車をＡ基準対応に改造した1000番代車が充当された。
◎武蔵野線　南浦和～東浦和
1982（昭和57）年8月30日

信越本線

「高崎↔横川」と記載した行先表示板を掲出したクモハ40形電車。信越本線の高崎口では、信州へ続く鉄路で関所となっていた横川駅まで区間列車を運転していた。昭和40年代に入り、115系等の近代車両が導入されるまでは旧型国電が30km程の区間を往復した。クモハ40形は1932（昭和7）年から約10年間に亘って製造された戦前派の車両だ。
◎信越本線　横川　1963（昭和38）年9月29日

第三軌条が2条のレールの外側に第三軌条が続くアプト式軌道の向こうに、2軌条の新線があった。真新しい架線柱やバラストが眩しい。横川駅～軽井沢駅間では粘着運転方式となった新線での営業運転を1963（昭和38）年7月15日から単線で開始した。ブドウ色塗装のEF63形の重連が編成に半2等車を組み込んだ旧型客車を後押して急坂を上る。
◎信越本線　丸山（信）～熊ノ平　1963（昭和38）年9月29日

アプト式鉄道の営業終了を翌日に控え、新旧の補機が佇む横川機関区。蒸気機関車で運行を開始した明治時代より、碓氷峠を越える鉄道交通を担う機関車が配置された伝統の車両基地だった。構内に建つ架線柱には鋼製トラスと真新しいコンクリート製が入り混じり、こちらも世代交代を感じさせる眺めだった。◎信越本線　横川機関区　1963（昭和38）年9月29日

古風なレンガ積みのアーチ橋をED42形電気機関車が渡って行く。群馬、長野県境に立ちはだかる碓氷峠を越える信越本線の横川駅〜軽井沢駅間は日本の山岳鉄道随一の難所であった。同区間は明治時代末期に電化され、架線電圧600Ｖで第三軌条から集電という当初の方式は、アプト式鉄道が存続した昭和30年代まで引き継がれた。
◎信越本線　丸山（信）〜熊ノ平　1963（昭和38）年9月28日

貨物列車を後押しするED42形電気機関車を後方から撮影。前後に連結した機関車の窓からは機関助士が顔を覗かせ、前方の確認に余念がない。軌道の間にラックレールが連なるアプト式軌道区間では頭上に架線こそないものの、周辺には通信線を繋ぐ木製の柱が建ち並び、梁に並んだ白い碍子が妙なる幾何学模様をかたちづくっていた。
◎信越本線　丸山（信）〜熊ノ平　1963（昭和38）年9月28日

アプト式鉄道での運転に対応した車両は、国鉄の新系列気動車にも存在した。キハ57形、キロ27形は粘着運転方式への切り替えが決まっていた1961（昭和36）年から翌年にかけて、キハ57 36両、キロ27形7両の計43両が製造された。新線切り替えを目前に控え、ED42は小振りな惜別マークを掲出していた。◎信越本線　横川　1963（昭和38）年9月29日

アプト式鉄道時代の横川駅〜軽井沢駅間では、列車編成の前後にED42形電気機関車を補機として連結していた。7両編成の気動車急行に対して横川方3両、軽井沢方1両の機関車を連結していた。同区間で気動車列車は自走せず、客車等と同様に機関車がけん引、推進する運転形態を取った。◎信越本線　丸山（信）　1963（昭和38）年9月29日

峠を降りてくるED42形電気機関車牽引の貨物列車。たった2両の貨車であっても4両1組の機関車組成は変わらなかった。手前の真新しい線路は当時、碓氷新線と呼ばれた粘着運用のもので、アプト式廃止後はED42形が走っている線路も粘着運転用に改修され、複線化がなされた。◎信越本線　熊ノ平〜丸山（信）　1963（昭和38）年9月29日

ED42形電気機関車の補機を付けて碓氷峠をおりる気動車急行。昭和30年代の高度経済成長期下、庶民の間で余暇を利用した旅行機運が高まるにつれ、信州地方へ運転する優等列車が要望された。それに応えて横川駅～軽井沢駅間のアプト式鉄道区間を通過できるキハ57形、キロ27形を製造。1961（昭和37）年に急行「志賀」「丸山」で運用を開始した。
◎信越本線　信越本線　丸山（信）～横川　1963（昭和38）年9月29日

粘着運転化後の熊ノ平駅。明治時代に信号場から駅へ昇格して以降も峠の只中である周辺に鉄道官舎以外に民家等はなかった。横川駅へ向かう上り列車では、軽井沢駅で客車をけん引するEF62形電気機関車の前に補機を務めるEF63形電気機関車が2台連結され、にわかに重量級の機関車による三重連列車が出来上がった。当駅は1966（昭和41）年に再び信号場となった。
◎信越本線　熊ノ平　1965（昭和40）年8月

大阪駅と上野駅、青森駅を結ぶ2階建て特急だった「白鳥」。キハ82系気動車で運転していた時代には、上野編成がED42形電気機関車の補機を付けて碓氷峠を越えた。機関車は列車名の白鳥を意匠化した、小型のヘッドマークを掲出していた。急勾配区間に差し掛かる中、列車編成の前後で屋根の高さが大きく異なる様子が分かる。
◎信越本線　丸山（信）〜熊ノ平　1963（昭和38）年9月29日

粘着運転方式の新線が開業し、それまで横川駅止まりだった準急「軽井沢」が運転区間を上野駅〜長野駅間に改めた。本来は平坦路線用の80系電車が、EF63形電気機関車に後押しされてソロソロと進む。アプト式鉄道時代の同列車は、軽井沢までの区間をバスで連絡していた。◎信越本線　丸山（信）〜熊ノ平　1963（昭和38）年9月29日

小さな沢に架かる橋梁は、開設から半世紀を超える歳月を経て、石積みのアーチ部分が古美術品を想わせるような風合いを醸し出していた。アプト式鉄道の区間には、同様に歴史を感じさせる橋梁やトンネルが点在していた。そして何よりも遠い日へ想いを馳せさせるのは、そこを行き交う戦前から終戦直後にかけて製造されたED42形電気機関車だった。
◎信越本線　丸山(信)〜熊ノ平　1960(昭和35)年3月28日

上野駅〜長野駅間で運転していた在来時代の特急「あさま」。1966（昭和41）年10月1日に1日2往復で運転を開始した。当初は181系電車が充当された。本車両は特急「こだま」等で使用され、日本における特急用電車の祖となった151系、161系を改造、または新製して誕生した。横川駅〜軽井沢駅間では他の車両と同様、EF63形電気機関車の補機を仰いだ。
◎信越本線　横川　1969（昭和44）年8月

横川駅で編成の後に補機を連結し、峠へ向かう特急「あさま」。車窓には切り立った崖の上に勇壮な面持ちの稜線が続く妙義山が望まれる。189系電車は1975（昭和50）年に登場。特急「あさま」「そよかぜ」で運用されていた181系電車の置き換え用として、183系電車に碓氷峠区間での協調運転用装備を追加した車両だった。
◎信越本線　横川〜熊ノ平（信）　1984（昭和59）年4月30日

横川駅〜軽井沢駅間の粘着軌道化に際して、同区間を通過する電車等にも急勾配区間での運転に対応することで長編成化し、補機のEF63形と協調運転ができる特殊装備を搭載した形式が準備された。169系電車は1967（昭和42）年に試作車165系900番代車が登場。試験結果を踏まえ、翌年から1969（昭和44）年にかけて量産車両が169系として81両が製造された。
◎信越本線　横川〜熊ノ平（信）　1984（昭和59）年4月30日

軽井沢に向かって特急「あさま」を押し上げるEF63形電気機関車。横川駅〜軽井沢駅間は明治時代に敷設されたアプト式鉄道から、粘着軌道へ1963（昭和38）年に切り替えられた。新線区間専用の補助機関車としてEF63形が製造された。最大66.7‰の急坂で長編成の列車に対応できるよう設計された機関車の整備重量は108 tにおよんだ。
◎信越本線　横川〜熊ノ平（信）　1984（昭和59）年4月30日

横川駅手前の25‰勾配を上り、駅に到着するキハ82系気動車の特急「白鳥」。横川駅は峠の下にある駅だが、決して平坦な駅ではない。EF63形がいる場所は構内の高崎方にある機待線で、峠をおりて入庫する機関車やこれから峠をのぼる補機運用に入る機関車が引き上げる場所だ。EF63形の機関士はここで待機してる際に、横を通過するこれから後押しする列車の乗車率を確認していたのだという。◎横川　1965（昭和40）年8月

在来線の列車として運転していた頃の特急「白山」。上野駅〜金沢駅間を結ぶ列車だった。経路中には直流、交流電化区間が混在し、かつ専用の補機を必要とする信越本線の横川駅〜軽井沢駅間を通過していた。そのため、同列車にはヨコカル通過対策を施した交直流両用電車の489系が専用車両として充当された。長い編成の後方にはEF63形電気機関車を連結している。
◎信越本線　横川〜熊ノ平（信）　1984（昭和59）年4月30日

首都圏と上越、信州地方を信越本線経由で結ぶ急行列車が気動車で運転されていた頃。キハ57形、キロ27形気動車は、横川駅〜軽井沢駅間をアプト式鉄道で運転していた時代に開発された。台車等がラックレールと干渉しない構造として、輪心部にディスクブレーキを備えた空気バネ付きの新型台車を装備した。写真の列車名は301D「志賀」と記録されている。
◎信越本線　中軽井沢　1962（昭和37）年頃

169系電車の急行列車が佐久平の中に設置された小駅を通過して行った。信越本線横川駅〜軽井沢駅間の超急勾配区間を通過するために開発された急行型電車は1967 (昭和42) 年末に試作車165系900番代車が落成。同車両の試験結果を経て、1968 (昭和43) 年から翌年にかけて量産車両が製造された。◎信越本線　信濃追分　1966 (昭和41) 年11月

信越本線（現・しなの鉄道しなの鉄道線）の拠点である小諸駅は小海線の終点でもある。蒸気機関車が健在であった時代に、同路線で使用されていたのは小型の炭水車を備えるC56形だった。小諸駅を始発終点とする客貨列車のけん引や、貨車を入れ替える仕事に就いていた。昭和40年代には架線が張り巡らされた構内を、忙し気に駆け回った。
◎信越本線　小諸　1969（昭和44）年5月

切通区間を絶気で駆けるD51形蒸気機関車。ブドウ色の旧型客車をけん引していた。黒姫山や妙高山等、高山の麓を走る信越本線北部までを運用範囲に持つ長野機関区（現・長野総合車両センター）所属のD51形には、山越え対策として集煙装置、重油併燃装置を備えたものが多かった。また、前端部に描かれた白線（白髭）も同区所属する機関車の特徴だった。
◎信越本線　信濃追分付近
1962（昭和37）年9月23日

キハ82系気動車が特急「白鳥」として信越本線で運転されていた頃。グリーン車、食堂車を含む優等列車らしい編成がそこにはあった。写真の前から3両目が、食堂車のキシ80形だ。青森駅から日本海縦貫路線を下りて来た同名の列車と併結する直江津駅～大阪駅間では、各編成に組み込まれた食堂車が2両とも営業した。◎信越本線　小諸～滋野　1965（昭和40）年8月16日

臨時の行楽列車に充当された169系電車。後に設定された急行「かもしか」、快速「みすず」用の塗装をまとう。急行「信州」等が特急「あさま」へ統合昇格して碓氷峠を越える運用を離れたの同車両は北長野運転所（現・長野総合車両センター）へ転属し、1986（昭和61）年11月1日から新設された急行「かもしか」の運用に就いた。
◎信越本線　屋代～戸倉　1986（昭和61）年4月17日

遠くに霞む濃い緑の丘を背に湘南色の電車がやって来た。急行形電車で編成された列車は、急行「信州6号」。正面貫通扉の窓に列車番号を掲出していた。上野駅〜長野駅間を結ぶ急行列車は、1963（昭和38）年10月1日から1日4往復体制で運転を開始した。そのうち1往復は急行「とがくし」を統合した列車だった。◎信越本線　滋野〜小諸　1965（昭和40）年8月16日

上越線

東北新幹線上野開業を翌年に控え、首都圏と新潟を結ぶ優等列車として最後の活躍を見せていた頃の急行「佐渡」。1982（昭和57）年11月15日の上越新幹線大宮～新潟間開業時に減便されては3往復体制になっていた。しんがりを務めるクハ165形は大型の前照灯を備える初期型だった。◎上越線　高崎　1984（昭和59）年4月30日

上野駅～新潟駅間を結ぶ急行列車として1956（昭和31）年から運転を開始した「佐渡」。1968（昭和43）年10月1日の白紙ダイヤ改正で特急「とき」が登場した際にも2往復が増発されて8往復体制での運転となり、上越線を代表する列車名となった。「ヨンサントオ」のダイヤ改正以降は「とき」等に吸収されるかたちで減便が続いた。
◎上越線　高崎
1984（昭和59）年4月30日

上野駅〜新潟駅間を上越線経由で結んでいた急行「佐渡」。上越線の起点である高崎駅に停車する。編成に組み込まれたグリーン車サロ165形が優等列車としての威厳を醸し出す。出入口扉横に貼られたグリーンマークは健在であったものの、国鉄末期には合理化策の一つとして、窓下の帯は省かれていた。◎上越線　高崎　1984（昭和59）年4月30日

489系電車で運転していた特急「はくたか」。上野駅、青森駅～大阪駅間を日本海回りで運転していた特急「白鳥」のうち、「上野編成」を分離して上野駅～金沢駅間の特急とした列車だった。1969（昭和44）年に使用車両がキハ82系気動車から485系に置き換えられた際、高崎以遠の経路が信越本線から上越線に変更され、後に485系から489系へと車両が変更された。
◎上越線　敷島～津久田　1980（昭和60）年10月31日

上野駅〜秋田駅間を高崎線〜上越線〜信越本線〜羽越本線の経路で結んでいた特急「いなほ」。1966（昭和44）年10月1日にキハ81系気動車で運転を開始した。1972（昭和47）年に羽越本線の全線電化が達成され、使用車両は485系電車に置き換えられた。同時に上野駅〜青森駅間の列車が1往復増発され、「いなほ」は2往復体制となった。
◎上越線　敷島　1980（昭和55）年10月31日

それまでの長いボンネットを前面に突き出した181系と異なる、ショートノーズの前面形状のクハ183形を先頭にした183系の特急「とき」。房総特急で成果を上げた同形式は正面の貫通扉を廃し、基本番代車に耐雪構造を施した1000番代車が上越線に投入された。◎上越線　津久田〜敷島　1980（昭和60）年10月31日

183系電車で運転する特急「とき」。1974（昭和48）年に新製した12両編成3本と予備となる制御車2両が新潟運転所上沼垂支所（現・新潟車両センター）に配置され、181系電車の置き換えが始まった。13往復運転していた「とき」のうち3往復が同車両となったが徐々に数を増やし晩年には本数が逆転した。◎上越線　敷島〜津久田　1980（昭和60）年10月31日

昭和30年代から国鉄時代末期にかけての上越線で、貨物列車けん引の主力であったEF15形電気機関車。同機は上越線の起点である高崎駅に隣接する高崎第二機関区（現・高崎機関区）と終点宮内駅と、長岡駅の間にあった長岡運転所【後の長岡車両センター2023（令和5）年廃止）】に大量配置されていた。上越国境には現在よりも頻繁に、貨物列車が往来していた。
◎上越線　敷島〜津久田　1980（昭和60）年10月31日

谷川連峰の山中から注ぐ利根川の流れを跨いで、温泉街のある水上駅へ足を進める上り列車。旧型客車をEF57形電気機関車がけん引し、前補機を上越国境越えの専用機EF16形電気機関車が務める。東海道本線で特急「つばめ」「はと」等を始めとした旅客列車けん引の運用に就いていた同機は、昭和30年代初頭に高崎第二機関区（現・高崎機関区）等へ転属。上越線で旅客列車のけん引に充当された。
◎上越線　湯檜曽〜水上
1956（昭和31）年4月29日

利根川が深い河岸段丘をつくり出した上州地路。上越線の列車は断崖絶壁が続く迫力ある風景を車窓に見て、温泉地水上を目指す。津久田駅から岩本駅にかけて、蛇行する川を串刺しにするかのように3本の橋梁が架かる。津久田駅にほど近い第二利根川橋梁は上り線が下部トラス、下り線にはプレートガーダーの桁が続く。
◎上越線　津久田〜岩本
1980（昭和60）年10月31日

上越線　*111*

八高線

八高線で運転された鉄道100周年の記念列車をけん引したD51形蒸気機関車498号機。1972（昭和47）年10月中の5日間に亘って、八王子駅〜高崎駅間で運転した。途中の高麗川駅では、D51形1002号機がけん引する、反対側から運転して来た同様の記念列車と交換した。無煙化から2年間を経た武蔵野の鉄路で煙の宴が繰り広げられた。
◎八高線　高麗川　1972（昭和47）年10月10日

重連で勾配区間に挑むD51形蒸気機関車。早い調子の排気音で煙は後方へ低く流れた。民営化後まで貨物列車を多く運転していた八高線では蒸気機関車が健在であった時代、路線の両端部に設置された車両基地の高崎第一機関区（現・高崎機関区）、八王子機関区に所属するD51形、C58形等が貨物列車をけん引していた。◎八高線　高麗川付近　1970（昭和45）年8月30日

八高線における旅客列車の近代化は早く、1958（昭和33）年に全ての列車が気動車で運転されるようになった。液体式変速機を
搭載した高性能な量産形車両が登場した成果だった。キハ17、キハ20、キハ35等、地方路線で動力近代化の先兵となった車両
が次々に投入された。国鉄時代の末期には客室扉を片側３か所に備えるキハ30形、35形、37形等が集められ、電化前の通勤路
線を支えた。◎八高線

埼玉県飯能市の南部を流れる入間川。広い河原を八高線は高い橋梁で跨ぐ。蒸気機関車が健在であった時代には、貨物列車をけん引するD51形が往来していた。凹凸に富んだ蒸気機関車らしい個性的な輪郭が、青空を背景に映し出される。大きな動輪や運転台の窓周辺等の間には背景が抜け、左手から陽光が射し込む眺めの中で影絵の世界をつくり出していた。
◎八高線　金子〜東飯能
1972（昭和47）年10月10日

武蔵野台地の丘陵部を進む八高線の沿線では、昭和40年代に入ってもひなびた里山風景を随所で見ることができた。クワの木が列をなす畑の向こうにD51形蒸気機関車が重連で姿を現した。けん引する貨車の荷は石灰石。長編成の列車はデゴイチにとっても重量級だろう。20パーミルの勾配区間で、2機はいずれも煙を吹き上げながら、ゆっくりと進んで行った。
◎八高線
1972（昭和47）年10月10日

両毛線

1968（昭和43）年の全線電化開業以来、新前橋電車区（現・高崎車両センター）に所属する70系電車で運転していた両毛線の普通列車。クハ77形は同路線の電化開業に際し、不足していた制御車を補う目的で、80系電車のグリーン車サロ85を制御車に改造した車両だ。前位側の車端部に高運転台を取り付けた。◎両毛線　桐生　1977（昭和52）年10月10日

郵便荷物合造電車のクモユニ74形。スカ色の70系電車と併結して普通列車の運用に就く。同車両は老朽化が著しかった旧型国電の荷物車を置き換える目的で1962（昭和37）～1965（昭和40）年にかけて31両が製造された。72系電車の台枠、電装品等を再利用し、新製した車体を、上回りを取り外して補修、再整備した台枠に載せた。◎両毛線　桐生　1977（昭和52）年10月10日

小海線

江戸時代には小諸藩の城下町であり、関東と北信濃地方を結ぶ北国街道の宿場としても栄えた長野県小諸市。国鉄路線にとっても地域の拠点であり、小諸駅には信越本線（現・しなの鉄道しなの鉄道線）で運転される貨物列車が留め置かれていることは日常だった。構内での入れ替えか。それとも本線へ向かう列車をけん引しているのか。C56形蒸気機関車が数両の貨車を率いて、側線の奥から顔を覗かせた。◎小海線　小諸　1969（昭和44）年5月

高原を下った千曲川の畔にたたずむ小駅で、C56形蒸気機関車がけん引する貨物列車と交換した。二軸貨車の中身は野辺山の高原で採れたキャベツ等の野菜だろうか。線路規格が低い小海線では蒸気機関車が輸送の主力であった時代には、軸重が軽く、長距離の運転にも対応できるよう炭水車を連結したC56形が客貨物列車のけん引を担った。
◎小海線　佐久海ノ口　1971（昭和46）年9月29日

まだ冬枯れの佐久平を見守るかのようにそびえる浅間山。山頂付近で僅かに白煙を燻らし、活火山であることを静かに窺わせていた。真っ青な空の下に冠雪の秀峰が映える気持ち良い風景の中を、機械式の小型気動車が横切って行った。小海線では小諸口の区間列車用としてキハ04形が昭和20年代から30年代にかけて中込機関区（現・小海線統括センター）に配置されていた。
◎小海線　乙女〜東小諸　1955（昭和30）年3月7日

八ヶ岳を望んでプレートガーダーの橋梁を渡るC56形蒸気機関車けん引の貨物列車。コンテナや冷蔵車に積み込まれているのは付近で収穫されたキャベツ等の高原野菜だ。太鼓を叩くような小気味良い調子のブラスと音が谷間に響き、涼しくなり始めた乾いた空気を表現するかのように機関車から吐き出された白煙が後方へ流れた。
◎小海線　清里〜野辺山
1971（昭和46）年9月29日

現在、行楽客で賑わう清里駅は昭和30年代当初、ひなびた集落の中に置かれた静かな駅だった。また、1935（昭和10）年に当駅〜信濃川上駅間が延伸開業して野辺山駅が開設されるまでは、当時の国鉄で最も標高が高い場所に建つ駅だった。駅名票の傍らに停車するC56形蒸気機関車の向こうには八ヶ岳が望まれ、周囲には初夏の高地らしいさわやかな風が吹いていた。
◎小海線　清里　1955（昭和30）年5月15日

カラ松の木立が線路を見守る野辺山駅付近は少し日本離れした風情だ。野辺山駅から清里駅側へ2km程進んだ踏切付近には国鉄（現・JR）最高地点の碑が建つ。林越しに八ヶ岳を望む当地の標高は1,375m。急峻な山越えを終えて高原へ躍り出たC56形蒸気機関車は、煙突から僅かに煙を燻らす一息着いた面持ちで、目の前を軽快に走り抜けた。
◎小海線　野辺山　1971（昭和46）年9月29日

二軸貨車２両の小さな貨物列車の先頭に立つC56形蒸気機関車149号機。前照灯はシールドビームに換装されていたものの、全体的に原形の雰囲気を良く残しており、蒸気機関車の人気が高まった時代には小海線を走るシゴロクの中で「器量自慢の149号機」と呼ばれた。昭和30年代から40年代にかけて、いくつかの映画に「出演」を果たした。
◎小海線　信濃川上　1971（昭和46）年９月29日

信越本線横川駅〜軽井沢駅間がまだアプト式鉄道で運転していた頃、同区間を走行できる仕様を搭載して登場したキハ57形気動車。1961（昭和36）年から翌年にかけて36両が製造された。上野駅〜長野駅間の急行列車にグリーン車キロ27形と共に充当され、急行「妙高」の運用を経て、後に信州地区を循環する急行列車に転用され、小海線に顔を出すようになった。
◎小海線　1970（昭和45）年

初秋の構内を桃色の花を咲かせたコスモスや黄色い花が飾っていた。千曲川の谷間に設置された小駅でしばし休息するのは線路規格が低い簡易線用のC56形蒸気機関車だ。野辺山駅から続く急勾配を駆け下りた高原の麓に建つ信濃川上駅には、小振りな給水施設があり、急坂に向かう上り列車は水、燃料等の補充を行っていた。
◎小海線　信濃川上　1971（昭和46）年9月29日

高原列車として名を馳せた小海線の列車だが、野辺山高原の麓に当たる信濃川上駅から海尻駅付近までの区間では、千曲川がつくり出した谷の中を進む。周辺には土砂崩れの跡と思しき斜面が見える急峻な眺めの中を、小さな蒸気機関車が白煙を燻らせながら橋梁を渡って行った。行く手には列車が180度向きを変える急曲線区間が控える。
◎小海線　信濃川上〜野辺山　1971（昭和46）年9月29日

中央本線の小淵沢駅から分岐する小海線。南側に並行する中央本線から離れると、線路は大きな曲線を描いて、田園地帯の中に造られた大築堤の上へ躍り出る。曲率半径300m。加えて25‰の急勾配区間に、小柄なC56形蒸気機関車は段切り状の煙を吹き上げながら、ゆっくりとした足取りになった。背景には甲斐駒ヶ岳がそびえる。
◎小海線　小淵沢～甲斐小泉　1957（昭和32）年4月7日

中央本線から八ヶ岳山麓の高原を越えて佐久平へ至る小海線が分岐する小淵沢駅。ホームに入線しようとしているキハ58形気動車等を連ねた長編成の列車は、中央本線の急行だ。当駅を含む甲府駅～上諏訪駅間が電化される前年の様子だが、構内には通信線等を支える碍子をたくさん取り付けた背の高い木製柱が建ち並び、非電化区間ながら思いがけず煩雑な景色となっている。
◎中央本線　小淵沢　1963（昭和38）年10月13日

【著者プロフィール】

長谷川明（はせがわ あきら）

1934（昭和9）年東京生まれ。1956（昭和31）年東京都立大学卒業

大学時代より「東京鉄道同好会」、「交通科学研究会」を経て「鉄道友の会」に入会。同会東京支部委員、本部理事・監事を経て、現在は参与。1950年代初期から民間会社勤務の傍ら、鉄道車両の撮影・研究を開始し現在に至る。著書等として、ネコ・パブリッシング「RMライブラリー」にて「1950年代の戦前型国電」上・中・下巻、「私鉄買収国電」、「1950年代の関西私鉄散歩」フォト・パブリッシング「京成電鉄、新京成電鉄、北総鉄道の写真記録（上・中・下）」など。電気車研究会「鉄道ピクトリアル」誌に、旧型国電・京成電鉄関係の記事・写真掲載多数。フォト・パブリッシング『外房線 街と鉄道の歴史探訪』、『総武本線、成田線、鹿島線 街と鉄道の歴史探訪』等に写真提供多数。

牧野和人（まきのかずと）

1962（昭和37）年三重県生まれ。京都工芸繊維大学卒業。写真家。

幼少期より鉄道の撮影に親しむ。2001（平成13）年より生業として写真撮影、執筆業に取り組み、撮影会講師等を務める。全国各地へ出向いて撮影し、時刻表・旅行誌・趣味誌等に作品を多数発表。著書多数。

長谷川明がカラーポジで撮った
1950年代～80年代の
国鉄情景
東日本編 上巻（北海道・東北・上信越）

2023年9月28日　第1刷発行

著　者·················写真：長谷川明　解説：牧野和人
発行人·················高山和彦
発行所·················株式会社フォト・パブリッシング
　　　　　　　　　〒161-0032　東京都新宿区中落合2-12-26
　　　　　　　　　TEL.03-6914-0121　FAX.03-5955-8101
発売元·················株式会社メディアパル（共同出版者・流通責任者）
　　　　　　　　　〒162-8710　東京都新宿区東五軒町6-24
　　　　　　　　　TEL.03-5261-1171　FAX.03-3235-4645
デザイン・DTP·········柏倉栄治（装丁・本文とも）
印刷所·················株式会社シナノパブリッシングプレス

ISBN978-4-8021-3411-8 C0026

本書の内容についてのお問い合わせは、上記の発行元（フォト・パブリッシング）編集部宛てのEメール（henshuubu@photo-pub.co.jp）または郵送・ファックスによる書面にてお願いいたします。